Angela Meyer-Barg

WIR VERSILBERN DAS NETZ!

Das Mutmachbuch

Mit Spaß und Freude in die digitale Welt

Mit neuem CORONA-Zusatzkapitel!

Herausgegeben von Dagmar Hirche

KJM Buchverlag

3. erw. Auflage, Dezember 2022

Simrockstr. 9a, 22587 Hamburg
www.kjm-buchverlag.de
ISBN 978-3-96194-081-3

Herstellung und Gestaltung: Eberhard Delius, Berlin
Cover: Rothfos & Gabler, Hamburg
Coverfoto: Stefan Maria Rother
Lektorat: Andrea Wolf, Hamburg
Druck und Bindung: GCC Grafisches Centrum Cuno, Calbe
Printed in Europe

Mehr zu den Büchern des KJM Buchverlags:
www.kjm-buchverlag.de

Inhalt

GRÜNDERINNEN

EINLADUNG ZUM TANZ

BESSER LEBEN MIT DEM INTERNET

Liebe Leserinnen und Leser,

Sie halten gerade ein Buch in den Händen, das ein bisschen anders ist als andere.

Es erzählt von neugierigen, aufgeschlossenen Menschen. Wundern Sie sich bitte nicht, dass die meisten graue oder besser »silberne« Haare haben. Die ältesten Protagonisten sind nämlich schon über 90 Jahre alt! Viele aus dieser Generation haben sich bereits auf den Weg gemacht, um die Welt des Internets zu erobern. Dies ist eine Einladung: Kommen Sie mit, lassen Sie uns das Netz versilbern!

Einer Frau werden Sie beim Lesen immer wieder begegnen: der Herausgeberin Dagmar Hirche, Mitbegründerin des Vereins »Wege aus der Einsamkeit« und Wegweiserin in die digitale Welt.

Senioren und digitale Welt? Genau. Wir wollen Ihnen Lust machen auf die vielen Möglichkeiten, die diese Welt eröffnet.

Und es soll deutlich werden: Wer digital dabei ist, ist auch im wirklichen Leben mittendrin! Denn unsere Welt wird digitaler werden, daran gibt es keinen Zweifel. Und wer nicht mitmacht, ist spätestens dann abgehängt, wenn der Hausarzt seine Termine nur noch online vergibt.

Tatsache ist aber auch: Die digitale Welt ist für viele Ältere ein Buch mit sieben Siegeln.

Das fängt schon mit der Sprache an, die vor Fachausdrücken nur so wimmelt: Browser. Link. WhatsApp. Wikipedia. WLAN. Was ist das überhaupt?

Und dann diese Geräte: Smartphone, Tablet.

Wozu braucht man das? Und vor allem: Wenn man so alt geworden ist, sagen wir mal 70, vielleicht sogar noch ein wenig drüber – kann man dieses Internet dann überhaupt noch verstehen? Welche Geräte sind sinnvoll? Und vor allem: Wie bedient man die?

Wir behaupten: Man kann! Oder besser: Sie können!

Auf den folgenden Seiten werden Sie Menschen im Alter von 65 plus kennenlernen, die online schon unterwegs sind. Sie erfahren alles über die Frau, die Deutschlands Senioren Mut machen will, die Möglichkeiten der digitalen Welt zu entdecken. Außerdem geben wir Ihnen einige praktische Tipps an die Hand. Jeder Artikel enthält einen Link, damit Sie schon mal üben können. Und am Ende sowie auch verstreut im Text finden Sie Erläuterungen der Fachbegriffe.

Zunächst einmal lassen Sie sich an die Hand nehmen, und seien Sie dabei, wenn Dagmar Hirche Menschen 65 plus im Gebrauch von Tablet und Smartphone schult. Rund 4500 haben in den vergangenen fünf Jahren unter ihrer Anleitung gelernt, E-Mails, Fotos und WhatsApps zu verschicken. Keine Angst, sitzenbleiben wird in diesen Gesprächen keiner – höchstens wiederkommen. Ganz freiwillig. Und das Schönste: Die Einweisungen ins kleine Abc des Internets sind kostenlos!
Wer ist eigentlich Dagmar Hirche, die Botschafterin eines neuen Altersbildes?

»Alter soll Glück sein!«

Portrait von Dagmar Hirche

Die Fotos machen verlässlich gute Laune: Eine Eule hängt kopfüber vom Ast, ein Reiher hat den Schnabel voller Fische, Kraniche staksen gemächlich am Seeufer entlang und geben das Stichwort: »Gleite heute sanft durch meine Termine«, vermeldet Dagmar Hirche, der bekennende frühe Vogel, auf Facebook, einer Art Onlinetagebuch. Die tägliche Zwitschermeldung im sozialen Netzwerk ist ihr Markenzeichen, längst folgt den bunt gefiederten Models ein Schwarm an Fans. Manche schicken einen Kommentar, andere ein »Like«, viele ein Herz.

Dagmar Hirche, 62, verheiratet, kinderlos, ist das, was man eine Influencerin nennt. Sie schickt ihre Botschaft auf allen digitalen Kanälen in die Welt hinaus. Studiert hat sie BWL, aber nach Jobs in der Wirtschaft und der Leitung einer Personalberatung ist sie heute überwiegend ehrenamtlich unterwegs.

Die Hamburgerin hat eine Mission. Seit sie im Jahre 2007 zusammen mit anderen den Verein »Wege aus der Einsamkeit« gründete, geht sie als Mutmacherin voran in weithin unbekanntes Land, das Land der Alten. 17,5 Millionen über 65-Jährige gibt es in Deutschland, dieser wohlhabenden Nation, die sich verlässlich über Benzinpreise und Fahrverbote empört, aber die Großelterngeneration beim Kreuzworträtseln oder höchstens noch beim Entenfüttern wähnt.

Nichts gegen Enten, Hirche mag bekanntlich Vögel, aber sie möchte zeigen, was alles noch möglich ist in diesem Land. Sie will die Senioren ans Licht holen, dahin, wo die Musik spielt, und das ist ganz wörtlich zu nehmen. Auch das Augenmerk der Politiker will sie dahin lenken, wo es nicht mehr um Profit geht, sondern darum, eine humane Gesellschaft zu sein, in der keiner zurückfällt.

»Alter soll Glück sein« steht auf den Plakaten ihres Vereins, und gäbe es eine Idealbesetzung als Botschafterin, so wäre es diese stets gut gelaunte Frau mit dem grauen Kurzhaarschnitt und den modischen Steppblousons. »Heute wird nicht gejammert, heute wird gefeiert!«, ruft sie bei ihren Veranstaltungen, zu denen auch der jährliche Zoobesuch gehört mit der Kür der ältesten Elefantendame (Elefanten sind neben Vögeln ihre Lieblingstiere). Oder der festliche Neujahrsempfang in einer alten Villa in Hamburgs Norden. Bange machen gilt nicht, volle Fahrt voraus, Lust auf Neues ist erste Bürger*innenpflicht.

»Wir sind mehr« – auch das könnte ein Motto für ihre von Politik und Wirtschaft so vernachlässigte Zielgruppe sein. Seit einigen Jahren hat ihre Mission einen neuen Schwerpunkt: Dagmar Hirche will Menschen jenseits der 65 für die digitale Welt begeistern. Denn wer sich nicht traut, online unterwegs zu sein, ist irgendwann doppelt abgehängt. Vier magere Zeilen druckte das »Hamburger Abendblatt« einst über den Start der Onlinegesprächsrunden, deren Leitung Hirche kurzerhand selbst übernahm. Die Resonanz war überwältigend: »Wir hatten ein paar Anrufe erwartet, es kamen fast 800.«

Aber wie nimmt man die Angst vor den komplexen Geräten und den Anleitungen in Fachchinesisch? Indem man die

Einstiegsschwelle niedrig hält, und das fängt bei der Wortwahl an. Bei Hirches Schulungen wird das Netz »versilbert«. Silber ist wie das Grau auf den Köpfen, nur viel schöner. Seit knapp fünf Jahren laufen ihre »Versilberer-Runden« in Hamburg und Berlin, mehr als 4500 Teilnehmer wagten unter ihrer Anleitung die ersten Schritte in die digitale Welt.

Mittwoch, 6.30 Uhr, Dammtorbahnhof Hamburg. Es ist kalt, der Wind fegt über den Bahnsteig, der Zug hat Verspätung und der Cappuccino im Pappbecher ist deutlich zu süß. Bei der Ernährung muss Hirche seit einem gesundheitlichen Rückschlag aufpassen, Zusatzstoffe verträgt sie nicht, am besten geht Gemüse, heute fein zerschnitten in Sticks. Mit wehendem Schal erreicht sie knapp zwei Stunden später das Digitale Lernzentrum am Potsdamer Platz, begrüßt die Leiterin Nina Fleck und ihre ehrenamtlichen Helfer. Der Sekt steht kalt, die Referenten sind da – es wird wieder kein Platz frei bleiben auf dieser »Versilberer-Party«, wo junge Unternehmen Produkte vorstellen, die für Ältere nützlich sind. Getränke und Häppchen sind wie immer gratis, und wenn einer sein Glas nicht aus der Hand geben mag, weil noch ein kostbarer Tropfen drin ist, knufft ihn die Gastgeberin schon mal in die Seite und flüstert: »Na, kommen Sie, ich hol uns noch eins.«

Hirche tourt durch die Republik, als gäbe es kein Morgen. Mal spricht sie auf der TEDx in München, schiebt die Karteikarten routiniert ineinander, wirbt für freies WLAN in Altersheimen und erntet Applaus und viele Lacher. Sie trifft sich mit Politikern im Saarland, referiert auf der Themenwoche der Körber-Stiftung, punktet beim »Digital Social Summit« und beim Frauen-Serviceclub »Zonta«, sie ist eine begnadete

wege
einsamkeit e.V.
Pioneer

wege

Netzwerkerin. Wer Hirche als Referentin bucht, hat ein Pfund: humorvoll, resolut, auf den Punkt. Falls ein Veranstalter fragt, wie lange sie denn sprechen möchte, kommt die Antwort prompt: »Zehn Minuten oder fünf Stunden – kommt drauf an, wie viel Zeit Sie mir geben.« Gern beschreibt sie ihre Kundschaft mit einem Augenzwinkern. Schmunzeln ist erlaubt, auslachen streng verboten. Soll sich bitte keiner erheben über die alte Dame, die auf ihr Display klopft, als handele es sich um Hackbällchen. Auch das gönnerhafte »Oma« und »Opa« kommt bei Dagmar Hirche schlecht an. Genauso wenig wie die Idee, man sollte für Ihre Zielgruppe doch entsprechende Endgeräte anbieten, die groß wie Briketts sind und angeblich leicht zu bedienen. Gleich neben der Freude am Altern steht die Würde.

Längst hat Hirche ein Netzwerk an Mitstreitern gewonnen. Mitra Kassai gehört dazu, ehrenamtliche Geschäftsführerin von »Oll inklusiv«. Alle paar Wochen lädt die Musik- und

Kulturmanagerin Ältere in Hamburger Discos zu Lesung, Tanz und Kuchen ein. Da steht sie dann auf der Bühne, legt Musik auf und heizt ein – im Hintergrund rockt gelegentlich Dagmar Hirche mit. Ein Thomas Gottschalk würde grün vor Neid.

Wer die Influencerin Hirche nur eine Woche lang begleitet, dem stellt sich die Frage: Wie schafft sie das? Die vielen Reisen, die Referate, die Schulungen in Altenheimen, Seniorenanlagen und in ihrem eigenen Büro. Immer wieder dieser Angang, der Generation Sütterlin mit Engelsgeduld das kleine Einmaleins der Smartphones und Tablets zu vermitteln. Kein Gedanke an ein altersgemäßes Kürzertreten, an Rückzug gar, wie es die landläufige Vorstellung für die Generation 65 plus doch immer noch vor sieht.

»Mir macht das Spaß«, beteuert die silberhaarige Pionierin, und das ist womöglich tiefgestapelt. Denn die Begeisterung der alten Menschen, denen sie wieder Lust aufs Leben macht, ist längst auch ihr eigenes Lebenselixier. Die Anerkennung der Medien wohl auch. Zwei Beispiele: 2011 wurde sie von der Wochenzeitung »Bild der Frau« ausgezeichnet, nachdem ihr Konterfei wochenlang in der Republik plakatiert worden war. Im Dezember 2018 trat sie im großen Saal des »Atlantik-Hotels« auf, wo der Fernsehsender Hamburg 1 die Hamburger des Jahres kürt. Eine Gala, wie Galas so sind: Honoratioren treffen auf Halbseidenes, in den Sektgläsern perlt Geltungsbedürfnis, aus dem Augenwinkel wird der Politiker beäugt, der die Nähe seiner Wähler sucht, das halb vergessene Fernsehgesicht drängt sich vor die Kamera. Dann endlich entert Dagmar Hirche, Preisträgerin für Soziales, die Bühne, und unversehens ist jeglicher Talmi vergessen. Rot das Kleid, beherzt das Lachen, an ihrer Seite Moaayad, der syrische Geflüchtete, der sie seit eineinhalb Jahren bei den Schulungen ehrenamtlich unterstützt, sowie eine kleine Dame, die im Einspielfilm noch von ihrer Altersdepression erzählte und nun aussieht, als könne sie ihr Glück kaum fassen. Auf der Bühne! Im Scheinwerferlicht! Getränkt mit Applaus! So fühlt sich Leben an?

Ja, genau so fühlt sich Leben an.

Zunehmend wird Hirche für Vorträge angefragt, Wohnungsunternehmen wollen sie haben, Vereine – das Thema Alter hat Konjunktur. Wie weiland der Rattenfänger von Hameln geht sie mit der frohen Kunde vom lebenslangen Lernen voran. Sie selbst erobert auch privat gern Neuland. Einmal im Monat trifft sie sich mit Freundinnen zum Essen. Bedingung: »Die Restaurants müssen wechseln. Keiner von uns darf da schon mal gegessen haben.« Was sie sonst noch vorhat? Endlich einen Hundertjährigen in ihren Versilberer-Runden begrüßen, vielleicht noch programmieren lernen. Und immer offen bleiben für neue Ideen. An einem kühlen Frühlingsabend lädt sie 80 Senioren in ein Hamburger Kino ein, steht in leuchtend gelbem Sweatshirt im Eingang, verteilt Eintrittskarten und Gutscheine für ein Glas Sekt oder Selters. »Gestorben wird morgen« heißt die Dokumentation über eine Alterskommune in den USA. Der Titel könnte glatt von ihr stammen, denn heute ist heute. Und heute wird gelebt!

Na, wie war der erste Einblick?
Neugierig geworden? Auch auf die Frau mit dem grauen, pardon, silbernen Haar, die so beherzt vorangeht?
Hier erhalten Sie einen Einblick in Dagmar Hirches Gesprächsrunden für Teilnehmerinnen und Teilnehmer 65 plus, die ein wenig anders verlaufen als gewohnt, so gar nicht wie früher in der Schule!

Frau Hirche, wer ist Alexa?

Einweisungen ins kleine ABC des Internets

Als Doris L. (74) zur Schule ging, da wurde sonnabends noch unterrichtet und die Lehrer waren streng. Wie gut, dass die Lehrstunden an diesem Montag im fünften Stock eines Bürohauses in Hamburg so ganz anders ausfallen: Acht Teilnehmer sitzen um den Tisch, also eine ganz kleine Klasse. In der Hand hält jeder sein Smartphone, die Stimmung ist aufgeräumt. »Wir versilbern das Netz«, heißt es heute, und schon läuft sie an, die Expedition in unbekanntes, digitales Land. WLAN und Wifi voraus!

An der Tafel steht mit schwarzem Stift in der Hand Dagmar Hirche, die Anführerin des Abenteuers. »Nur Mut«, ermuntert sie. Was nicht bedeutet, dass es unterwegs keine Gefahren gibt, deshalb eine Warnung gleich vorweg: Gelegentlich lauern Nattern im Unterholz, die wollen an Ihr Bestes, nämlich die persönlichen Daten. Hirche: »Was früher Gold war, sind heute Ihre Daten!« Und was soll daran so gefährlich sein? Acht aufmerksame Gesichter zeigen nicht die leiseste Spur von Furcht. »Von mir kann jeder alles wissen«, kichert die 70-jährige Monika »ich habe nichts zu verbergen.« »Das denken Sie«, kontert Hirche. »Könnte ja sein, dass es Interessenten für Ihre gesunden Nieren gibt?!«

Tauchen also Spitzbuben oder Giftschlangen auf, erkennbar an absurden Geldforderungen, gemeinen Erpressungen (»Wir haben ein Pornobild von Ihnen und werden das veröffentlichen, sofern Sie nicht zahlen …«), was tun? Auf die Schlangen würde man wohl treten, auf die Mails besser so

reagieren, wie es in der digitalen Welt üblich ist: »Löschen, löschen, löschen!« Vor allem keine Links, also Querverweise, anklicken. Hirche: »Früher haben Vertreter an der Tür geklingelt, die haben Sie ja auch nicht einfach so reingelassen.«

Aber nun zu den Möglichkeiten, die sich auftun. Denn darum geht es ja beim Versilbern des Netzes. Möglichkeiten ohne Ende. Wer hat Fragen? Unversehens füllt sich die Tafel mit Stichworten:

Wie lade ich mir eine App herunter, wie leite ich eine WhatsApp weiter, wie finde ich mithilfe meines Smartphones die schnellsten Busverbindungen und, nicht zu vergessen: Wie richte ich eine App für einen Schrittzähler ein?

Aber der Reihe nach: Was Dagmar Hirche in den kommenden drei Stunden anbieten wird, ist eine Tour de Force mit Teilnehmern, die eher noch Sütterlin entziffern könnten als die geheimnisvollen Chiffren der digitalen Welt. Die bisher höchstens ihre Kinder und Enkel gefragt hatten und resigniert die Flinte ins Korn warfen, wenn die Eingeborenen dieser Welt den Immigranten gegenüber ungeduldig wurden. Geduld ist erste Bürgerpflicht für eine Lehrerin der Zielgruppe 65 plus. Ein wenig Strenge kann allerdings nicht schaden. Zunächst aber das Wichtigste überhaupt: Was ist WLAN, und warum ist das wichtig? 16 Finger trommeln und tippen, suchen und wischen. Auflösung: Nur wer freies WLAN hat, surft kostenlos. Die Jungen wissen das alle, die Alten – na ja. Also probeweise auf dem Smartphone auf »Einstellungen« getippt, WLAN angeklickt und gestaunt: So viele Anbieter mit komischen Namen tauchen auf und neben jedem Namen ein kleines Schloss! »Das ist das Problem«, erläutert Hirche. »In diesem Bürohochhaus hat jeder sein eigenes Netz, da kommt kein Fremder ohne Passwort rein.« Aber wo ein Problem ist, da folgt sogleich die Lösung: »Gehen Sie dahin, wo freies WLAN angeboten wird, etwa bei der Haspa. Trinken Sie dort einen Kaffee und üben Sie!« In Bussen und Bahnen könne man ebenfalls kostenlos surfen, da nenne sich das Netz dann »MobyKlick«.

Vieles ist abstrakt in der digitalen Welt, aber manches auch ganz anschaulich, man muss es eben nur entschlüsseln. Funktionierendes WLAN etwa erkennt man an dem kleinen Fächer oben auf dem Smartphone. Und unterwegs, in den Bussen oder bei der Haspa, an einem Fächer mit dickem Punkt. Und noch etwas: Warum halten die jungen Leute ihr Smartphone wohl wie ein längsgelegtes Butterbrot vor den Mund und sprechen hinein? Weil Sprachnachrichten über WhatsApp ebenfalls kostenlos sind!

»Fragen Sie!«, ermutigt Dagmar Hirche. »Trauen Sie sich! Haben Sie keine Scheu, junge Leute zu fragen. Wenn Sie zehn ansprechen, reagiert vielleicht einer komisch, die anderen helfen gern.« »Das kann ich bestätigen, die U-Bahn ist mein Spielfeld!«, ruft Doris L. »Kürzlich hat mir ein 14-Jähriger auf dem Bahnsteig auf meine Bitte hin eine App heruntergeladen.«

Kurze Pause, einmal durchatmen, dann geht die Expedition an diesem frühen Wintermorgen weiter. Manche schreiben schweigend mit, andere melden sich vehement zu Wort und wollen es ganz genau wissen. »Ich habe mir so viele Fragen aufgeschrieben, nun komme ich gar nicht richtig zum Zuge«, mault Walter B. und ist da bei Dagmar Hirche genau an der richtigen Adresse: »Alles werden wir heute nicht klären können«, sagt sie. »Alles werden wir sowieso nie klären. Da müssten Sie sich schon einen Privatlehrer nach Hause holen.« Augenzwinkern. Jeder hier weiß, Privatlehrer sind teuer und dieser Vormittag ist ein Geschenk. Nun tippen und wischen sie erst mal still.

4500 Senioren sind bisher durch Hirches kostenlose Schulungen gegangen, die meisten wurden per Flyer des Vereins »Wege aus der Einsamkeit« auf das Angebot aufmerksam. 4500 Mal die Erfahrung, dass der Dschungel sich lichtet, wenn einer vorangeht, der sich umsieht: Kommen alle mit? Hängt gerade einer fest? Verstehen alle die fremden Internetvokabeln und die Onlinegepflogenheiten? Denn wer die Tür zur neuen Welt erst mal aufgemacht hat, muss beständig weitergehen, sonst verliert er den Anschluss. Nicht nur an die digitale Welt, sondern auch an die nachfolgenden Generationen. Hirche erzählt von einem kleinen Jungen, der im Wohnzimmer seiner Eltern mit erhobenem Stimmchen befahl: »Alexa, spiel mal Weihnachtsmusik!« Das Lachen der Teilnehmer klingt dünn. Endlich traut sich einer, nachzufragen: »Frau Hirche, wer ist eigentlich diese Alexa?« Erklärung: »Ein digitales Sprachsystem, damit kann man sein ganzes Haus steuern.« Klingt nach technischer Spielerei, ist aber viel mehr: »Wenn Sie durch eine Krankheit ans Bett gefesselt sind und sich nicht mehr bewegen können, kann das sehr hilfreich sein.«

Nach den ersten Fragen folgen die nächsten. Und die übernächsten. Etwa die: Wenn ich in einem Hotel bin, mich bei einem WLAN-Anbieter einwähle und dessen Geschäftsbedingungen aufploppen: Darf ich dann einfach auf Okay drücken oder muss ich erst alles genau lesen? »Hören Sie auf Ihren Bauch«, empfiehlt Hirche. »Bin ich in einem seriösen Hotel, tippe ich unbedenklich auf Ja. Sonst müsste ich 26 Seiten Kleingedrucktes studieren.« Andererseits, und dabei nimmt sie die eifrig mitschreibende Doris ins Visier: »Wenn

Google

wege

wir beide in St. Pauli unterwegs sind und in einer dunklen Spelunke landen, dann würde ich mir das mit dem Okay überlegen!« Nun wird allseits herzhaft gelacht.

Oder die Sache mit den E-Mail-Adressen. Rät Hirche doch tatsächlich dazu, unter falschem Namen zu surfen! Nun verstehen sie gar nichts mehr. Hier sitzt die Generation Treu & Redlich, da gibt man als Mail-Adresse doch den eigenen Namen an, vergleichbar der Adresse auf dem Briefumschlag? Besser nicht: »Wenn Sie als Gertrud1932 Mails verschicken, reiben sich sämtliche Betrüger die Hände«, erläutert Hirche. Die gehen nämlich davon aus, dass hinter dieser Mail-Adresse eine Frau mit Geburtsjahr 1932 steckt, die aufgrund ihres Alters leicht reinzulegen ist. »Machen Sie sich unsichtbar. Legen Sie sich Nicknames, also Spitznamen zu!« »So was wie ein Pseudonym?«, fragt die elegant gekleidete Liz und nestelt an ihrer Perlenkette. Genau. »Paulchen Panther«, »Lore Lustig«, ganz egal. Darf man das denn, einfach so schwindeln mit der eigenen Identität? Im Internet soll man das sogar!

Oder die Sache mit den Cookies: Nein, dabei handelt es sich nicht um Kekse, auch wenn das so klingt. Dahinter steckt quasi ein Gegengeschäft des jeweiligen Onlineanbieters: Ihr dürft das Internet frei nutzen, dafür werden eure Interessen und Surfbewegungen registriert. Wundert euch deshalb bitte nicht, wenn ihr nach günstigen Mallorca-Reisen gesucht habt und unversehens Werbung von Hotels aus Cala Ratjada aufploppt.

Klingeltöne wirbeln durch den Raum, graue Köpfe beugen sich über Displays, langsam neigt sich die Expedition dem Ende zu. Dabei wollte Marion P. (68), die frühere Sparkassenmitarbeiterin, doch noch ihr persönliches Rätsel lösen: Wie lade ich mir die App für einen Schrittzähler herunter, damit ich weiß, wie viel ich tagsüber gelaufen bin?»Schaffen wir heute nicht mehr!«, lacht Hirche. Lieber noch die App für die schnellsten Verkehrsverbindungen erläutern. Und einen Lehrsatz mit auf den Weg geben: »Üben, üben, üben! Sonst sitzen Sie in zwei Monaten wieder hier!«

Als ob das eine Drohung wäre. Wenn Dagmar Hirche ruft, werden sie wiederkommen. Denn die digitale Welt ist weit, und wer nimmt einen bei den ersten Schritten schon so fest an die Hand?

In Hamburg haben wir ja schon Mäuschen gespielt, wenn Dagmar Hirche Smartphone und Tablet erklärt.
Jetzt steigen wir mit ihr frühmorgens in den Zug nach Berlin und begleiten sie zum Digitalen Lernzentrum von Facebook am Potsdamer Platz, ihrem zweiten Einsatzort.
Auch hier hält sie Gesprächsrunden, aber mehr noch: Ein paarmal im Jahr steigen hier Partys mit Sekt und Schnittchen, neue Unternehmen stellen sich vor, die tolle Angebote für Ältere haben.
Lesen Sie, wie es zugeht bei den Versilberer-Partys.

Leichtfüßig wechselt Schröder in den nächsten Raum, hier informiert das Hörstudio: Eine Puppe mit Kopfhörern auf dem Kunstkopf thront auf einem Podest, ein Hörakustiker der Firma AUDIBENE erläutert die schöne neue Welt des Hörens. Karin Palm, die Haare nach dem Brillenabenteuer frisch gekämmt, steht nun neben ihr und wiegt ein winziges weißes Teil in der Hand, das einer Tulpe ähnelt. So leicht und klein kann ein Hörgerät sein? Das ist sogar sinnvoll, erläutert der Hörakustiker: Je stärker das Ohr nämlich verschlossen ist, desto lauter hört man die eigene Stimme. Und nur nicht verzagen, wenn die Hörhilfe nicht gleich sitzt wie angegossen! »80 Prozent Hörfähigkeit erreicht man in den ersten vier bis sechs Wochen, für die restlichen 20 Prozent braucht das Gehirn manchmal zwei Jahre.« Graue Köpfe nicken. Ein Thema, das verbindet: Karin P. und Helga S. unterhalten sich über Nebengeräusche und besonders lästige Situationen: wenn der Nachrichtensprecher spricht und alles zeitverzögert ankommt! Wenn in der U-Bahn das Fenster geöffnet wird und die Außengeräusche zischen! Und wenn Geschirr ins Abwaschbecken fällt, wie schrill das klingt! »Leg dir eine Gummimatte ins Becken«, rät Palm der zehn Jahre älteren. »Das dämmt.«

Und weiter ziehen sie in den dritten Raum, zur Sehschule. Eigentlich richten sich die Informationen an Büroangestellte, die acht Stunden am Tag auf ihren Monitor blicken. Aber alte Augen, die schon viel gesehen haben, können ein paar Tricks auch sehr gut gebrauchen. Schnell noch ein Häppchen, ein anerkennendes Zwinkern zu dem jungen Syrer mit seinen knusprigen Teigtaschen, dann geht's los: »Stellen Sie sich vor, Sie haben einen Pinsel auf der Nase und malen den Raum aus«, sagt Ulrich Christen von der Augenschule Berlin. Und weiter: »Halten Sie die Hand wie eine Schale über die Augen, manchmal braucht das Auge Ruhe.« Und was braucht das Auge noch? Abwechslung, verschiedene Formen, verschiedene Farben. »Spielen Sie mit Ihren Augen, das mögen sie am liebsten!« Prompt klopfen alle mit den Fingerspitzen aufs Jochbein, wegen der besseren Durchblutung. Danach hagelt es Fragen. Was ist, wenn ich immer gähnen muss? Ist gut, treibt Feuchtigkeit auf die Lider. Genauso wie Lachen: Bringt alle Gesichtsmuskeln in Bewegung! Ein fachlicher Rat, der in der Runde auf zustimmendes Raunen stößt: Gehen Sie in die Natur! Ein Labsal für die Augen, da sind sich alle einig. »Das Grün der Blätter ist so verschieden«, weiß Heilpraktiker Andreas D. »Kein Blatt gleicht dem anderen.« Genauso wenig wie ein Teilnehmer dem anderen ähnelt. So neugierig und forsch der eine, so zurückhaltend der andere. Aber alle nehmen sie heute etwas mit, alle haben sie etwas gelernt. Die frühere Sachbearbeiterin P. erzählt noch schnell, dass sie mor-

gens per WhatsApp-Gruppe einen Rundruf bei ihren Freundinnen startet: »Wir wollen uns vergewissern, dass wir alle gesund sind.« Ohne Smartphone geht sie auch nicht mehr ins Bad: »Falls ich ausrutsche, drücke ich schnell den Notruf.« Praktisch denken sie alle, aber Spaß gehört auch dazu. Edith schießt schnell noch ein Foto mit ihrem Smartphone und schickt es via WhatsApp zum Enkel nach Thailand. »Cool!«, kommt es zwei Sekunden später zurück. Edith strahlt und fahndet mithilfe ihrer App nach den besten Busverbindungen zu ihrer Wohnung in Babelsberg. Andreas D. wird gleich sein Moped besteigen. So verschieden sie sind – allen ist gemeinsam: Auf den »Versilberer-Partys« können sie was erleben.

Dagmar Hirche, die immer so gut gelaunt ist, kann auch streng werden. Nämlich dann, wenn es um die Politik geht, die ihrer Meinung nach die älteren Leute bei der Digitalisierung nicht richtig auf dem Schirm hat.
Da ist es ihr gerade recht und ein gutes Zeichen, wenn Staatsministerin Dorothee Bär bei ihren Versilberer-Partys in Berlin auftaucht – jenes Regierungsmitglied, das sich derzeit um die Digitalisierung kümmert.

Hoher Besuch aus dem Kanzleramt!
Da macht nicht nur Roboter Pepper große Augen

Und plötzlich steht doch tatsächlich eine leibhaftige Staatsministerin im Raum, neugierig beäugt von Pepper, dem kleinen Roboter, und 70 Senioren. Willkommen zur ersten »Versilberer-Party« des neuen Jahres, Bühne frei für Dorothee Bär (40), die Abgesandte der großen Politik! In ihrer Begrüßung stellt Gastgeberin Dagmar Hirche gleich klar, dass niemand ihre grauhaarigen Gäste unterschätzen sollte, auch wenn der eine oder andere mit dem Rollator gekommen ist: »Diese Dame hier zu meiner Rechten etwa hat einen prallen Terminkalender. Nach unserem Vormittag geht es noch weiter zur Wassergymnastik!« Großes Gelächter, hoch die Sektgläser!

Angela Merkels Staatsministerin für Digitales – hohe Pumps, fränkisch rollendes R –, weiß ohnehin, wo der Schuh drückt: »Wenn es um Digitalisierung geht, wird den Älteren schnell unterstellt, sie wollten davon nichts wissen und würden auch nichts verstehen.« Stimmt natürlich nicht, wie ihre aufmerksamen Zuhörer beweisen. Die Tablets sind gezückt, die Smartphones auch, abwarten, wer gleich das schönste Selfie mit der attraktiven Politikerin verschicken kann!

Bär erzählt derweil von dem Vier-Generationen-Haushalt, in dem sie lebt, wenn sie nicht gerade in Berlin wirkt. Von den Großeltern, die von den Enkeln lernen – und umgekehrt. Wichtig an digitaler Technologie sei doch, dass sie alltagstauglich ist. Beispiel autonomes Fahren: »Man stelle sich vor, einer lebt in der hintersten Rhön und muss zum Doktor – in einem selbstfahrenden Auto kann er sich chauffieren lassen und muss nicht jedes Mal die Schwiegertochter bitten, die er sowieso nicht leiden kann!« Applaus!

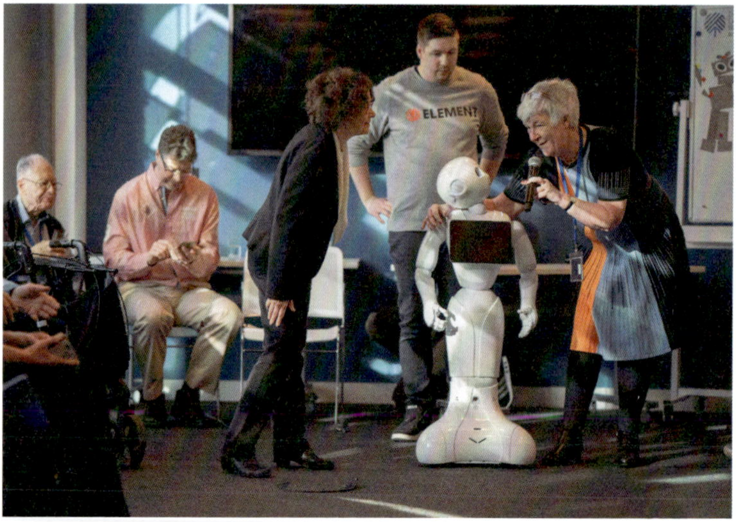
ELEMENT

DIE ZUKUNFT
GESTALTEN

Wie hilfreich auch, wenn man bei chronischen Krankheiten selbst mit dem Tablet den Blutdruck messen kann und nicht ständig zur Kontrolle ins Krankenhaus fahren muss! Wenn es um Optimismus geht, könnten sich die Staatsministerin der CSU und Dagmar Hirche gleich mal unterhaken. Hirche schwebt beim Thema Digitales auf einer rosaroten Wolke, die dynamische Digitalbotschafterin aus dem Kanzleramt wiederum hegt eine ausgeprägte Abneigung gegen Bedenkenträger. Wenn man die neue Technologie auf praktische Beispiele herunterbricht, so die Fränkin, dann erschließen sich auch die Vorteile. Beim Autofahren wäre vieles schon ganz selbstverständlich: wenn's etwa beim Einparken piept, sobald das eigene Fahrzeug zu dicht an fremdes Blech gerät. Unfälle? Kommen vor. Viel zu oft. Leider. Aber niemand würde deswegen auf Mobilität verzichten wollen. So sei das auch mit dem Internet – die Vorteile überwiegen!

Flächendeckende Versorgung mit WLAN hat sich ihre Stabsstelle vorgenommen. Klar, dass die Jungen im Fokus stehen. Andererseits: »Allein mit der Tatsache, dass Sie alle hier sind, machen Sie alles richtig. Ich überlege, wie ich Sie da noch viel mehr unterstützen kann, weil ich finde, so was darf nicht exklusiv den Berli-

ELEMENT

nern und den Hamburgern vorbehalten sein. Wer die digitalen Möglichkeiten erlebt, verliert seine Vorbehalte!«

Dann wirbt die Staatsministerin noch kurz für ihren Instagram-Account, wo sie mit bunten Fotos ihr Leben ausstellt (»Es ist so schwer, als Politiker genügend Reichweite zu kriegen«), verteilt hier einen Rat, leiht dort ein Ohr, erwähnt, dass sie 2008 den Computerspielpreis mitgegründet hat – und ist nach einer knappen Stunde auch schon wieder verschwunden.

Zwei alte Damen haben genau zugehört und handschriftliche Notizen gemacht. Die Augenärztinnen Birgit S. (78) und Edeltraud S. (76) sind Stammgäste bei den Versilberer-Partys. An der Berliner Charité haben sie sich einst kennengelernt, dann in eigenen Praxen gearbeitet, bis der 70. Geburtstag ziemlich weit hinter ihnen lag. Und nun? Nun gilt es, das eigene Alter mit wachem Blick zu erfassen. Die Freundinnen und Berufskolleginnen zieht es zu der Gruppe, die sich um Pepper (englisch für »Pfeffer«) geschart hat.

Der 1,20 Meter große Roboter schlackert mit den Armen und rollt die Augen. Das kann er besonders gut. Was noch? »Pepper, rechne mir mal mein Krankengeld aus«, fordert sein Betreuer. Erst mal wird mit blecherner Stimme zurückgefragt: »Kinderlos? Nettoeinkommen?« Ein paar Zahlen in das Tablet eingetippt, das der Roboter in Brusthöhe vor sich hält – und schon wird die Antwort ausgespuckt.

Humor hat Pepper auch: »Ich bin ein großartiger Unterhalter«, quäkt er. Zwei Altenheime haben den Prototyp schon angeschafft. Angenommen, Besucher suchen nach dem Zimmer von Großmutter Gertrud, er könnte helfen. Sobald Pepper den Namen in seinem Programm verarbeitet hat, würde er vorausschnurren und den Weg weisen. Wer Pepper in die runden Augen blickt, verliert augenblicklich jede Scheu vor künstlicher Intelligenz. »Es gibt keinen schöneren humanoiden Roboter zurzeit«, schwärmt der Techniker, der ihn programmiert. Tatsächlich, das kleine Männchen, das jedem Besucher jovial die Hand zum Abklatschen hinhält, wirkt sehr menschlich. Und dass es gelegentlich etwas länger dauert, bis er eine Frage verstanden hat, verstärkt nur den Eindruck. Irren ist menschlich, und nobody is perfect!

Nächstes Zimmer: Gehirnjogging mit einer App – eine Herausforderung auch für Birgit und Edeltraud. Kaum wird ihnen erläutert, dass das Start-up NeuroNation (www.neuronation.com) mit mehr als sechs Millionen Mitgliedern Europas führendes Onlinegehirntraining ist, da lauert auch schon die erste Falle. »Wie lade ich mir so eine App herunter?« Nach einem Passwort wird gefragt, und daran hapert es. Dabei hat Edeltraud doch alle geheimen Codes und Pins fein säuberlich und gut verschlüsselt vermerkt, aber das richtige Passwort für ihr Smartphone lässt sich erst nach langem Blättern finden. »So was ärgert mich!« Wer endlich angemeldet ist, macht einen Einstufungstest. Da geht es darum, Kreise zu verbinden, abstrakte Muster zuzuordnen, nicht nervös zu werden, wenn die Muster über den Screen schwimmen – und vor allem nicht frustriert zu sein, wenn das Ergebnis höchst durchschnittlich ausfällt. Übung macht nämlich auch hier den Meister: »Durch digitales Gehirntraining kann das Demenzrisiko um bis zu 48 Prozent gesenkt werden«, wird erklärt. Es geht darum, das Gedächtnis zu trainieren, die Aufmerksamkeitsspanne, die Geschwindigkeit beim Erfassen und Verarbeiten der Informationen sowie um schlussfolgerndes Denken.

Den beiden Ärztinnen muss man so was nicht groß erläutern. Edeltraud S. managt das eigene Älterwerden längst so souverän wie früher ihre erfolgreiche Praxis. Sie besitzt ein Häuschen am Stadtrand und eine klitzekleine Bleibe in Berlin. Dreimal die Woche holt sie sich Anregungen in der Großstadt, sonst bleibt sie auf dem Land. In Berlin darf es gern mal ein Kaffee im schicken Hotel Adlon sein oder ein Gesprächsabend bei der Gruppe »Meet me in Mitte«. »Dort treffen sich Frauen aus dem Westteil der Stadt und aus dem Ostteil der Stadt. Anfangs waren das unterschiedliche Welten, jetzt sind wir ziemlich zusammengewachsen.« In ihrem Dorf hat sie eine Gemeinschaft »50 plus« für sich entdeckt.

Und kürzlich ist sie spontan in einen Reisebus gestiegen, ab nach Görlitz an der polnischen Grenze, Tagesausflug für Senioren. »Ich bin eigentlich gar nicht der Typ für Bustouren und war erstaunt, wie viele intelligente, nette Menschen ich getroffen habe!« Eben. Rausgehen muss man. Neugierig bleiben. Und schon wechseln die Damen in den dritten Raum, laben sich an den gefüllten Teigtaschen von »Jasmin-Catering« und lauschen den Vertretern der jungen Firma Better-at-home (www.better-at-home.de). Mithilfe eines elektronischen Signalsystems soll ein gesichertes Wohnen in den eigenen vier Wänden ermöglicht werden, selbst wenn der Bewohner immobil ist oder seinen Alltag nicht mehr gut im Griff hat. Wie das aussieht?

Nun, im vernetzten Haus würden Sensoren sofort ein Signal geben, wenn zu lange das Wasser läuft. Wenn die Herdplatte über Stunden glüht. Oder wenn nachts plötzlich länger die Haustür offensteht. Dieses Signal landet dann bei einem Angehörigen, beim Hausmeisterservice oder beim Pflegedienst – je nachdem, wie das Hauswarnsystem programmiert wird. Soweit die Maßnahmen für Notfälle. Das mitdenkende Haus, das über Tablet oder Smartphone programmiert wird, kann aber auch einfach für mehr Bequemlichkeit sorgen.

Angenommen, der Bewohner will nachts das Badezimmer aufsuchen, fingert im Dunkeln nach dem Lichtschalter, läuft Gefahr, zu stolpern. Beim Smart Home würde ein Bewegungsmelder automatisch den Impuls für das Anschalten der Beleuchtung geben. Schöne vernetzte Welt?

Auch wenn bei neuen Technologien noch Kinderkrankheiten auftreten mögen – die Entwicklung lässt sich nicht mehr zurückdrehen. Vor allem im Gesundheitsbereich gehört die Zukunft der elektronischen Datenübermittlung: »Wir testen jetzt die Teleklinik«, so der Vertreter des Start-ups. »Wenn es erst das elektronische Rezept gibt, kann man das per Smartphone an die Apotheke schicken und kriegt umgehend das Medikament geliefert.«

Drei Stunden sind wie im Fluge vergangen, Pepper liegt längst in der Horizontalen, sicher verstaut in einem großen Pappkarton. Morgen folgt die nächste Station seiner Werbetournee.

Birgit S. greift zu ihren Gehhilfen, nimmt den Arm der Kollegin und geht langsam zum Fahrstuhl. Demnächst muß sie für drei Wochen ins Krankenhaus. Schmerztherapie. Eine lange Zeit. »Am meisten«, sagt sie, »werde ich die Mittwochsausflüge zum Potsdamer Platz vermissen.«

Preise, Erfolge, eine wachsende Anhängerschaft: Das klingt nach einer Erfolgs-Story, aber das stimmt nicht ganz. Denn aller Anfang ist schwer, nicht nur für die Schüler, sondern auch für die Expeditionsleiterin.
Wir haben Dagmar Hirche gefragt, wie alles anfing, was sie selbst bei ihren Schulungen gelernt hat und wieso sie ihre Gesprächsrunden »Versilberer-Cafés« und »Versilberer-Partys« nennt ...

Einladung in die digitale Welt

Interview mit Dagmar Hirche

Frau Hirche, Sie wollen Menschen im Alter 65 plus für die digitale Welt begeistern. Warum ist das wichtig?

Smartphone und Tablet haben die Welt beschleunigt und technische Neuerungen nach vorn gebracht. Vieles gibt es nur noch online. Da hat es mich wirklich erschreckt zu sehen, wie viele ältere Menschen zurückbleiben. Bei den 70- bis 74-Jährigen sind aktuell 39 Prozent online, bei den über 80-Jährigen nur noch elf Prozent, die jenseits der 90 werden statistisch gar nicht mehr erfasst. Als wir anfingen, sah es noch schlechter aus.

Welche Konsequenzen fürchten Sie?

Alte Menschen verlieren zunehmend die Teilhabe am Leben. Nur zwei Beispiele: Heutzutage ist es viel einfacher, online bei den Ortsämtern einen Termin zu bekommen. Natürlich können Sie auch anrufen, aber versuchen Sie mal, durchzukommen! Und wenn Sie endlich einen Mitarbeiter am Hörer haben, ist Ihr Wunschtermin längst vergeben. Oder: Viele Veranstaltungen werden nicht mehr in Zeitungen veröffentlicht, sondern nur noch auf Onlineplattformen. Das heißt, ältere Menschen erfahren nicht mehr, was in ihrer Umgebung läuft. Wir vom Verein »Wege aus der Einsamkeit« haben gesagt: Da müsste man doch mal was tun! Und da ich diesen »man« noch nie getroffen habe, weil dieser »man« auch noch nie etwas umgesetzt hat, haben wir selbst losgelegt.

Wie haben Sie die Expedition in die digitale Welt gestartet?

Zunächst haben wir 2014 sechs 80-Jährige, die keine Ahnung vom Internet hatten, zu einer Tablet- und Smartphone-Schulung eingeladen.

Das Ergebnis?

Die haben mich erst mal fertiggemacht. Vorwurf: Frau Hirche, Sie sprechen eine Sprache, die verstehen wir nicht!

Ich war viel zu hoch eingestiegen, habe gelernt, dass ich zunächst die wichtigsten Begriffe erklären muss. Was ist überhaupt ein Smartphone? Was ist ein Browser, was ein Provider, was ist ein Link, was ist eine Homepage? Für Menschen, die noch nie in der digitalen Welt waren, sind das völlig fremde Begriffe.

Also mussten Sie eine altersgerechte Lehrmethode entwickeln?

Genau. Seitdem nehme ich Beispiele aus der realen Welt, arbeite viel mit Bildern. Wenn dabei gelacht werden kann – umso besser! Viele Ältere wissen gar nicht, dass ein Smartphone und ein iPhone dasselbe sind. Das erkläre ich so: Ein VW-Fahrer fährt ein Auto. Aber fragen Sie mal einen Porsche-Fahrer, ob er ein Auto fährt? Der wird immer sagen: Nein, ich fahre einen Porsche! Genauso ist es hier. Fragen Sie mal einen Apple-Fan, ob er ein Smartphone besitzt. Der wird immer sagen: Nein, ich habe ein iPhone! Gemeint ist aber dasselbe. Ein iPhone ist ein Smartphone – nur eben von Apple.

Wo mussten Sie noch umdenken?

Ich habe zunächst alles mit dem Beamer an die Wand projiziert, dann monierten die alten Damen aber: »Wo ist das Papier, damit ich alles nachlesen kann?« Also habe ich gelernt, dass ich alles, was ich erkläre, auch auf Papier bringen muss. Ältere Menschen wollen das Gelernte nachlesen und sich Notizen in ihren eigenen Worten machen.

Was noch?

Klein anfangen. Langsam vorgehen. Beim Smartphone habe ich zunächst mal die Knöpfe erklärt. Wo geht das »Ding« an, wo aus, wie stelle ich den Ton laut und leise, wo kann ich die Schrift und die Helligkeit verändern. Dann haben wir gelernt, dass ein Smartphone keine manuelle Schreibmaschine ist. Die Teilnehmer waren es gewohnt, kräftig auf die Tasten zu drücken, worauf ganz andere Dinge passierten als gewünscht. Wir haben also erst mal gelernt: Wo ist die Tastatur und wie drückt man da drauf? Wie vergrößert man Bilder durch Aufziehen mit zwei Fingern, wie schaltet man auf Flugmodus, stellt also sein Smartphone auf leise – sehr wichtig in Konzerten!

Was läuft bei der älteren Generation noch anders?

Anfangs wollte ich »Versilberer-Cafés« anbieten – silber wegen der silbrgrauen Haare der Teilnehmer –, wo sich alle untereinander helfen. Das hat nicht funktioniert. Meine Teilnehmer haben in der Schule noch Frontalunterricht gehabt. Der Lehrer machte die Ansagen, und wenn er modern war, durften die Schüler mal eine Frage stellen. Die Menschen 70 plus haben nicht gelernt, sich wie bei einem Workshop untereinander zu helfen. Jetzt kommen sie zur Schulung, jeder

darf eine Frage stellen, ich schreibe alles an die Tafel, und gemeinsam werden dann die Fragen bearbeitet.

Und falls die Expedition in digitales Neuland doch mal ins Stocken gerät?

Ich sage gleich zu Beginn, dass ich quasi wie ein Geist hinter meinen Teilnehmern stehe, aber nicht eingreife. Die sollen fragen, ihr Gerät festhalten, selbst machen. Man kann nur

lernen, wenn man selbst macht und oft wiederholt. Es gibt bei mir auch keine dummen Fragen. Und wenn eine ältere Frau in Tränen ausbricht, weil sie es nicht gleich kapiert, nehme ich sie in den Arm und sage: »Dann kommen Sie noch zehnmal wieder, und dann lachen wir darüber, was Ihnen heute passiert ist!« Das »Versilberer-Café« ist ein geschützter Raum, wo alle sich sicher fühlen können.

Wie sind die Reaktionen der Schüler?

Eine Dame wurde gefragt, was sie am meisten bei ihrem Smartphone nutzt. Die Antwort kam prompt und aus tiefstem Herzen: »Den Wecker! Darin gibt es nämlich eine Stoppuhr, und damit stelle ich mir morgens die Kochzeit für mein Ei!«

Was wurde noch bestaunt?

Wir haben uns online die »Tagesschau« angeguckt. Alte Menschen gucken nämlich täglich um 20 Uhr die »Tagesschau«. Und da wird seit zehn Jahren darauf hingewiesen, wenn Sie weitere Informationen wollen, gehen Sie auf unsere Internet-Seite www.tagesschau.de. Das war vielleicht ein Juhu, als alle das erste Mal auf ihrem Smartphone die Website der »Tagesschau« aufriefen! »Bin ich jetzt im Internet?«, wurde gefragt, und ich konnte bestätigen: »Ja, Sie haben jetzt eine Internetseite aufgerufen!«

Ein Beispiel, das Sie als Lehrerin besonders gefreut hat?

Eine gehbehinderte Teilnehmerin wurde von ihrer Tochter im Rollstuhl in unsere Runde gebracht. Die Tochter hatte ihre Mutter überreden müssen, entsprechend schlecht war deren Laune. Diese Dame habe ich gefragt: »Was interessiert Sie denn?« Antwort: »Früher bin ich gern in Museen gegangen, aber das geht ja nun nicht mehr.« Daraufhin habe ich ihr gezeigt, wie sie virtuelle Rundgänge in fast jedem Museum der Welt machen kann. Drei Wochen später ruft mich die Tochter an: »Meine Mutter ist total digital geworden, die hat sich eine Liste von Museen gemacht, googelt jetzt alles über Künstler, guckt sich an, was sie bei Wikipedia findet!« (Wikipedia ist ein Onlinelexikon.)

Welche Fenster gehen auf, wenn ein Neuling erst den Einstieg gefunden hat?

Viele haben sich an den Wecker gewöhnt, der sie daran erinnert, ihre Medikamente zu nehmen. Andere haben eine Schrittmacher-App, mit der sie kontrollieren können, wie viele Schritte sie tagsüber gegangen sind. Viele spielen auf dem Tablet auch gern Solitär und Mahjong.

Das sind schöne Extras. Aber gibt es auch Hilfen für die Alltagsbewältigung?

Wenn ich einen an Parkinson erkrankten Teilnehmer habe, der schwer tippen kann, erkläre ich die Sprechfunktion seines Smartphones. Bei Apple gibt es auch die Funktion »Voice over«, da kann man sich alles vorlesen lassen, wenn man nur noch schlecht sieht. Jedes Smartphone hat im Übrigen eine Taschenlampe, da rate ich gerade meinen ängstlichen Damen: Benutzen Sie diese Funktion, wenn Sie abends über einen unebenen Bürgersteig gehen oder im Dunklen das Türschloss nicht finden!

Stichwort Krankheit: Wie können Onlinegeräte da unterstützen?

Vielfach habe ich Teilnehmer mit pflegebedürftigen Angehörigen. Da kam die Sorge: »Ich muss für meinen Mann immer erreichbar sein. Aber wenn das Smartphone in meiner Handtasche liegt, höre ich das Klingeln nicht!« Meine Antwort: »Dann nehmen Sie Bluetooth-fähige Kopfhörer, die schnurlos mit Ihrem Handy verbunden sind. Stecken Sie sich einen ins Ohr, damit Sie Ihr Gerät klingeln hören. Das andere Ohr bleibt frei für die Geräusche des Straßenverkehrs.«

Oder die Situation im Krankenhaus: Die Angehörigen

wohnen weit weg und können nicht zu Besuch kommen. Über einen Messenger-Dienst oder Skype kann man aber telefonieren und sich dabei sehen: Das ist fast so, als säßen die Kinder am Bett!

Seit vier Jahren laufen nun die Gesprächsrunden, die Sie »1x1 der Smartphones und Tablets für Menschen 65 plus« nennen. Ein erstes Resumee?

Viele ältere Menschen haben das Vorurteil, die jungen daddelten ständig mit ihrem Smartphone herum. Wenn sie erst mal mitkriegen, was man damit alles machen kann, daddeln sie auch! Überhaupt können sich die Generationen durch das Internet ganz neu begegnen. Eine Idee: Oberstufenschüler geben Tablet- und Smartphone-Schulungen für ältere Menschen. In Hamburg habe ich schon eine Schule gefunden, die mitmacht: Anfangs mit unserer Unterstützung bieten Schüler zwei Stunden lang digitale Sprechstunden an.

Auch in Berlin bieten Sie Schulungen an, gelegentlich steigen im Digitalen Lernzentrum von Facebook zusätzlich »Versilberer-Partys«, wo Start-up-Unternehmen ihre Produkte vorstellen. Was hat es damit auf sich?

Im Digitalen Lernzentrum habe ich große Räume zur Verfügung, da kann ich auch mal 80 Leute einladen. Also habe ich die BKK angesprochen, ob wir nicht mal nach Unternehmen gucken wollen, die digitale Produkte für ältere Menschen anbieten, von denen die gar nicht wissen, dass es so was gibt. Es sollte keine Messe sein, ich wünschte mir, dass die Firmen etwas mitbringen, wo die Teilnehmer auf ihren Smartphones üben können. Die Versilberer-Partys findet in lockerer Atmosphäre statt, es gibt ein Glas Sekt und Fingerfood vom Syrer, außerdem können die Gäste von Raum zu Raum gehen. Wir hatten schon Vertreter der Internetapotheke DocMorris dabei, ein Unternehmen, das das Sprachleitsystem »Alexa« darstellt, eine Bewegungs- und Sturzprophylaxe-App.

Wie wird das Angebot angenommen?

Die Unternehmen müssen lernen, dass sie da keine Marketingprofis hinstellen. Denn das sollen keine Verkaufs-, sondern Erklärveranstaltungen werden. Steht da ein Verkäufer, gehen die Leute nicht hin, das finden sie doof. Der Sinn dahinter ist, dass die Menschen greifbar verstehen, was ein Smart Home ist und was E-Health. Wir hatten auch schon den Roboter »Pepper« da, der anschaulich demonstrierte, was bei dieser Technik noch in den Kinderschuhen steckt. Oder einen Hörakustiker, der ein Bluetooth-fähiges Hörgerät vorstellte. Oder einen Sehtrainer, der mit den Teilnehmern analoge Übungen machte. Das sind alles Hilfsmittel, die es alten Menschen erlauben, länger selbstbestimmt in den eigenen vier Wänden zu sein. Wir versuchen, beide Welten zusammenzubringen, und sind immer ausgebucht – bald steigt schon die nächste Versilberer-Party!

Eine Ihrer zentralen Forderungen lautet: Freies WLAN in Altenheimen und Seniorenwohnanlagen. Warum?

Wegen der Teilhabe! Als Gegenargument höre ich immer, die Bewohner seien geistig gar nicht mehr in der Lage – was für ein Unsinn. Wenn nur zwei Bewohner das nutzen können, müssen die Voraussetzungen da sein. Außerdem: Was ist mit den Besuchern? Die könnten alte Filme auf dem Tablet zeigen oder mit ihren Angehörigen per virtueller Brille auf eine Reise in deren Geburtsort gehen. Ich schule ja auch in Altersheimen und habe dort ein Ehepaar getroffen, beide über 90 Jahre alt. Die Familie lebt in Kanada, die sehen sich nicht mehr. Ich habe sie in der Anwendung von Whatsapp geschult, die alte Dame hat gleich mal Bilder nach Kanada geschickt und erhielt prompt Antwort von ihrem Enkel: »Ich bin ganz stolz auf dich, Omi. Aber bitte nicht jeden Tag 40 Bilder!« Danach haben wir per WhatsApp das Videotelefon ausprobiert. Als sie plötzlich ihren Enkel sehen und sprechen konnten, haben beide geweint. Die werden nichts anderes mehr lernen als WhatsApp, aber haben jetzt einen ganz anderen Kontakt zur Familie.

Noch ist Deutschland nicht flächendeckend mit WLAN versorgt …

… und wenn dann eine Politikerin sagt, es müsse nicht an jeder Milchkanne WLAN geben, dann halte ich das für eine bodenlose Unverschämtheit! Vielleicht lebt gerade in einem kleinen Dorf eine Familie, die gesundheitlich eingeschränkt ist? Vielleicht brauchen gerade die WLAN, damit sie in ihrem Haus bleiben können und nicht ins Heim müssen? Wenn ich nach Island oder Taiwan reise, habe ich an jeder Milchkanne WLAN. Da ist die flächendeckende Versorgung gar kein Thema.

Stichwort ärztliche Versorgung: Bundesgesundheitsminister Jens Spahn kündigte an, diese würde schneller, besser – und digitaler. Wie könnte das aussehen?

Etwa so: Krankenkassen gehen dazu über, dass sie Videosprechstunden mit Ärzten bezahlen. Wie gern hätte ich so einen Videocall in Anspruch genommen, als ich sehr schwer an Krebs erkrankt war und zu einem Arztgespräch erscheinen sollte. Dieser Besuch hat mich wahnsinnig viel Kraft gekostet, außerdem saß ich in einem Wartezimmer mit vielen Erkälteten und sollte mir doch auf gar keinen Fall einen Virus einfangen! In meinen Augen wird da ganz viel passieren, was gerade für Menschen, die auf dem Land leben, wichtig ist. Jemand, der chronisch krank ist, könnte bald die Technologie nutzen, damit seine Daten automatisch über das Internet an den Arzt geschickt werden.

Bei aller Euphorie: Im Netz lauern auch Gefahren. In Berlin hatten Sie deswegen Vertreter des Landeskriminalamtes zu Gast. Wovor wurde gewarnt?

Die größte Gefahr ist der »Drilling«, der in uns allen steckt: Gier, Geiz, Neugierde. Wenn wir ein Produkt für 20 Euro finden, das sonst 100 Euro kostet, setzt unser Verstand aus. Da wird nicht mehr hinterfragt, und genau das muss man lernen. Gerade im Internet.

Wie erkenne ich, ob eine Website seriös ist?

Indem ich prüfe, ob es es ein Impressum gibt, in dem aufgeführt ist, wer diese Seite verantwortet! Steht da etwas über Datenschutz? Beim leisesten Zweifel: keine Links, also Querverweise, öffnen und die Seite verlassen!

Und wie enttarne ich »Fake News«, also gefälschte Nachrichten?

Wenn ich etwas lese, was mir komisch vorkommt, nehme ich die Überschrift, setze die bei Google ein und lasse die Suchmaschine arbeiten. Und wenn diese obskure Nachricht sonst nirgendwo auftaucht – nicht in der »Tagesschau«, nicht

Herzlich Willkommen zum
Großeltern-Enkel-Workshop

TIGHT

bei den seriösen Tageszeitungen –, dann ist das für mich nicht glaubwürdig. Erfundene oder falsche Nachrichten gibt es übrigens auch analog – da heißt das dann »Ente«.

Die Versilberer-Cafés und -Partys im Digitalen Lernzentrum Berlin werden von Facebook gesponsert – ist die Finanzierung an Bedingungen geknüpft?

Nein. Für Facebook geht es um digitale Bildung im Alter, es gibt keinerlei Auflagen, es geht nur darum, dass ich das Geld in dieses Projekt stecke. Wenn wir sagen, wir brauchen Geld, um Technik zu kaufen, kriegen wir das. Wenn wir sagen, wir machen eine Party, wird das finanziert. Für mich als Vereinsvorsitzende ist das wie ein Sechser im Lotto. Ich mache das seit zweieinhalb Jahren in Berlin, und nur Facebook kam auf die Idee, uns kostenfrei Räume zur Verfügung zu stellen. Es gibt riesige Konzerne wie die Telekom oder auch Smart-Home-Anbieter, die wir alle angeschrieben haben, ob sie uns unterstützen: kein Interesse.

Dabei würde ich solche Partys gern auch in anderen Städten anbieten! Es müsste doch mal ein großer Hörakustiker bei mir anrufen und fragen: »Wollen wir nicht mal was Digitales auf die Beine stellen?«

Kommt Unterstützung aus der Politik?

Leider nein. Die Politik hat das Thema »digitales Altern« nicht richtig auf dem Schirm. Das ärgert mich wahnsinnig. Ich freue mich wirklich sehr, dass Dorothee Bär, die Staatsministerin für Digitales, bei uns vorbeigeschaut hat. Auf der anderen Seite hatten wir unlängst eine Veranstaltung, wo die Vertreterin der Politik erkrankt war und es nicht für nötig gehalten wurde, einen Ersatz zu schicken.

Sie suchen unermüdlich Mitstreiter für Ihre Sache. Wie halten es etwa Banken und Sparkassen mit ihrem Kundenservice beim digitalen Übergang?

In Hamburg haben wir die Haspa gefunden, die mit uns zusammen in 16 Filialen das »1x1 des Online-Bankings« durchführt, mittlerweile auch ohne mich. Ich habe die Mitarbeiter von der Methodik und vom Tempo her geschult. Das läuft top. Dasselbe wollte ich in Berlin auf die Beine stellen, habe aber keine einzige Bank gefunden, die kooperieren möchte! Die Schulungen mache ich jetzt selbst, mit den Unterlagen der Haspa.

Sie sind in Hamburg und Berlin aktiv. Wie steht es um den Rest der Republik?

Es gibt »Deutschland sicher im Netz« und die »Stiftung digitale Chancen.« Im »Onliner-Land« Saarland gibt es auch viele Initiativen, aber das ist immer punktuell und nicht flächendeckend. Wir müssen die Menschen aber überall erreichen!

Wie alles begann

Frau Hirche, angefangen hat alles 2007, als Sie mit einigen Mitstreitern den Verein »Wege aus der Einsamkeit« gegründet haben. Warum eigentlich?

Es wurde damals viel über den demografischen Wandel gesprochen, und das Alter war durchgehend negativ besetzt. Da haben wir uns gesagt: Das können wir ändern. Unser Motto: Alter soll Freude sein, nicht Last!

Warum ist Einsamkeit gerade für Ältere so ein Problem?

Bei älteren Menschen verstirbt das Umfeld, der Tod kommt immer näher, und schon wird man schleichend einsam. Und Einsamkeit – das ist wissenschaftlich bewiesen – macht krank. Der Mensch hat keinen Antrieb mehr, wird irgendwann depressiv. Je länger das dauert, desto schwieriger wird es, auf andere zuzugehen. Wir wissen von älteren Menschen, dass der erste Schritt der allerschwerste ist.

Wie sah Ihre erste Aktion aus?

Zunächst mal muss ich einräumen, dass wir anfangs Schiffbruch erlitten haben, weil uns ja noch keiner kannte. Warum sollte ein einsamer Mensch zu jemandem gehen, den er nicht kennt? Da denkt er zu Recht, das ist eine Heizdecken-Veranstaltung. Als wir anfingen, war das Thema Digitalisierung noch nicht so drängend. Also habe ich alles drangesetzt, dass die Zeitungen erst mal schwarz auf weiß über uns berichten, damit wir bekannter werden. Dann habe ich in den Hamburger Tierpark Hagenbeck eingeladen: Wenn man in großer Gruppe durch den Tierpark spaziert, hat man nämlich auf jeden Fall ein Thema – die Tiere!

Höhepunkt ist immer die Kür der ältesten Elefantendame. Und natürlich gibt es Kaffee und Kuchen. Gelegentlich lade ich auch Kita-Kinder und deren Betreuer ein. Wenn die Kinder noch ein Lied singen, sehe ich ringsum in leuchtende Augen.

Wie ging es weiter?

Wir haben 2014 angefangen, am 1. Oktober den Weltseniorentag groß zu feiern. Und zwar mit einem Flashmob am Hauptbahnhof – etwa 60 Teilnehmer kamen spontan zusam-

men, sangen und tanzten. Anschließend wurde eine Stadtrundfahrt angeboten. 2015 haben wir wieder zum Flashmob aufgerufen und danach zum Speed-Dating, also zum Kennenlernen im Minutentakt. Dabei ging es nicht darum, Paare zu vermitteln, sondern Menschen, die sich nett finden und etwas miteinander anfangen können. Ich dachte, es kommen vielleicht 20 nach dem Flashmob mit hoch in die Gaststätte, wo alles stattfand – es waren aber 60. Danach haben die älteren Herrschaften – meistens sind es Frauen, die sind einfach aufgeschlossener – mich gefragt: »Frau Hirche, warum können wir hier nicht tanzen und singen?« In der Gaststätte ging das seinerzeit nicht, also war die Idee geboren, nach dem Flashmob in eine Disco zu gehen, und zwar tagsüber, wenn die Räume frei sind.

Kam da nicht der Einwand, Disco ist nur was für Junge?

»Das tut man nicht, das macht man nicht«: Von solchen Bedenken will ich nichts hören! Das Bild des Alters hat sich doch gewandelt. Meine Großeltern entsprachen noch dem alten Klischee, sie trugen dunkle Kleidung, meine Großmutter hatte einen Dutt, sie haben uns Enkel geliebt, aber sich in ihrem Auftreten sehr zurückgehalten. Diese Regeln gelten nicht mehr, genauso wenig wie es heute noch die Tradition gibt, nach dem Tode des Partners ein Jahr lang Trauerkleidung zu tragen. Warum kann ich nicht, wenn ich immer schon flippig war, auch mit 70, 80 oder 90 noch flippig sein? Und wer sagt denn, dass ich im Alter nicht noch mal Neues lernen kann? Solange ich geistig fit bin, bleibe ich agil. Meine Enkel kann ich immer noch lieben.

Wir waren jetzt öfter in Clubs in Hamburger Szenevierteln, um zu Rock und Pop zu tanzen, ebenerdig und barrierefrei. Das ist uns ganz wichtig, damit auch Menschen mit Stock, Rollator und im Rollstuhl kommen können. Da werden sie nicht reduziert auf das, was sie nicht mehr können, sondern

es geht um Spaß. Das ist nämlich die Hauptsache, das sage ich auch gleich zur Begrüßung: »Heute wird nicht über Krankheiten und Zipperlein geredet, heute wird gefeiert!«

Alle Ihre Angebote sind kostenlos. Warum?

Weil es uns um Teilhabe geht, auch für die, die kein Geld haben. Wie oft höre ich, zuletzt bei unserem Neujahrsempfang in einer alten Villa in Volksdorf: »Das ist so schön für mich, ich kann mir ja sonst nicht mal einen Kaffee leisten.« Bei uns muss auch keiner nachweisen, ob er das Geld hat oder nicht. Hier ist das völlig egal, jeder Mensch über 65 ist willkommen. Wir leben von Spenden. Wer es sich leisten kann, darf spenden!

So. Jetzt werden Sie sagen, toll, das alles.
Aber hilft es gegen Einsamkeit, wenn ich allein zu Hause vor meinem Computer hocke?
Also schnell von der Theorie zur Praxis gewechselt. Wir haben einige Menschen getroffen, die schon vorausgegangen sind in die digitale Welt und dort ein neues Leben gefunden haben.
Von der Autorin Greta Silver haben Sie vielleicht schon mal gehört. Von den anderen vermutlich noch nicht.
Sie alle bewegen etwas, nicht zuletzt sich selbst. Seit sie das Internet für sich entdeckt haben, ist ihr Leben bunter und reicher geworden. Und zwar in echt. Dürfen wir vorstellen?

GRETA SILVER: arbeitet als Autorin, Model, Rednerin, Influencerin und hat einen eigenen Blog.
MONIKA FUCHS: betreibt einen Kochkurs auf YouTube und lädt freitags in ihren »Supper-Club«.
MONIKA KOHUT: verbindet online Kandidaten für Alters-Wohngemeinschaften.
BETTINA HAGEN: archiviert online ihre Vergangenheit als Model und ihre Gegenwart als Künstlerin.

ELISABETH SCHERF: Die frühere Lehrerin betreibt einen Blog und publiziert Bücher im Internet.
DIETER BACKHAUS: Der ehemalige Manager hat ein Fitnessprogramm für Ältere entwickelt und plant eine Onlinecommunity unter dem Motto »Fit mit hundert – wetten, dass?«

Greta Silver

»Alter ist ein Start-up-Unternehmen!«

Wer sich mit Greta Silver verabredet, braucht nur auf ein gewisses Leuchten zu achten. Da steht sie auch schon, eine hochgewachsene Frau im roten Mantel, mit wild bewegtem weißen Schopf. Rot ist ihre Farbe. Silber auch. »Ich bin Greta,« sagt sie, und schon geht es los zu einem der vielen Termine, die ihren Kalender anschwellen lassen wie die Flut die Elbe. Heute wird sie auf der Versammlung der Landfrauen in Thedinghausen bei Bremen auftreten. Wird dort ihre Mission vorstellen, diese Botschaft von den goldenen Jahren, die mit 60 beginnen und für die sie selbst das beste Beispiel ist. Aber erst mal gibt Greta Gas, denn 80 Zuhörerinnen lässt man nicht warten.

Im Marketing-Jargon wäre Greta Silver längst eine Marke. Und da sie lange als Unternehmerin gearbeitet hat, weiß sie genau, wie man eine Marke pflegt und poliert.

Wo immer sie geladen ist, steht die 71-Jährige strahlend in der Tür und streckt Besuchern die Hand entgegen: »Hallo, ich bin Greta.« Wo immer sie auftritt, hält sie Karteikarten in der Hand. Ihre Referate gründen auf markigen Sätzen, die sie längst abrufbereit mit sich trägt: »Haben Sie sich schon mal klargemacht, dass die Zeit zwischen 60 und 90 genauso lang ist wie die zwischen 30 und 60? Wollen Sie diese Jahre einfach nur aussitzen?« Das doch bitte nicht: »Alter ist ein Start-up-Unternehmen!«

Eine Idee haben und loslegen – genauso hat sie es schließlich selbst gehalten. Die Frau, die sich Greta Silver nennt, hat nicht nur ihren Namen, sondern auch ihr Leben jenseits der 60 neu erfunden. Auslöser war eine Freundin, die ihr Mut machte: »Du musst der Welt da draußen erzählen, wie toll es ist, alt zu sein!« Gesagt, getan: Mit 60 begann sie, als Senior-Model zu arbeiten, Greta als attraktives Vorbild ihrer Altersklasse. Klar, dass sie auch am Set auf gute Laune setzt: »Modeln ist für mich Energiearbeit!«

Und weiter geht es: Mit 66 gründete sie ihren eigenen YouTube-Kanal, lädt Videoclips hoch, 400 sind über die Jahre entstanden. Die Drei-Minuten-Lektionen, die Greta dort vor grauem Hintergrund hält – immer top gestylt in frischen Farben – umfassen den ganzen Kosmos ihres Lebens. »Liebt euch selbst«, »Tipps, was im Alter Spaß macht«, »Dresscode fürs Alter«, »Wie halte ich es mit der Endlichkeit?«

Sie spricht frisch von der Leber weg, manchmal schleicht sich ein kleiner Hänger ein, egal, sie zieht ihr Projekt durch. Genau wie früher, als sie mit Ende 40 durchstartete, um die Finanzen der Familie zu retten.

Wer neben Frau Silver über die Autobahn braust, geflutet von einer Bugwelle an guter Laune, der schnappt irgendwann nach Luft: Kann das funktionieren, immer nur lächeln, immer vergnügt? Natürlich nicht. Da ist sie ganz ehrlich. Auch eine Greta Silver braucht ihre »Einsamkeitsinseln«, auch eine Botschafterin der Lebensfreude hat man sich mit steiler Stirnfalte vorzustellen, als sie etwa versuchte, ihren YouTube-Kanal sichtbar zu machen. Denn einen eigenen Kanal zu gründen ist das eine, das andere ist die Kunst, im weltweiten Netz auch gefunden zu werden. »Damit habe ich zehn Stunden am Tag verbracht. Zunächst habe ich mir Tu-

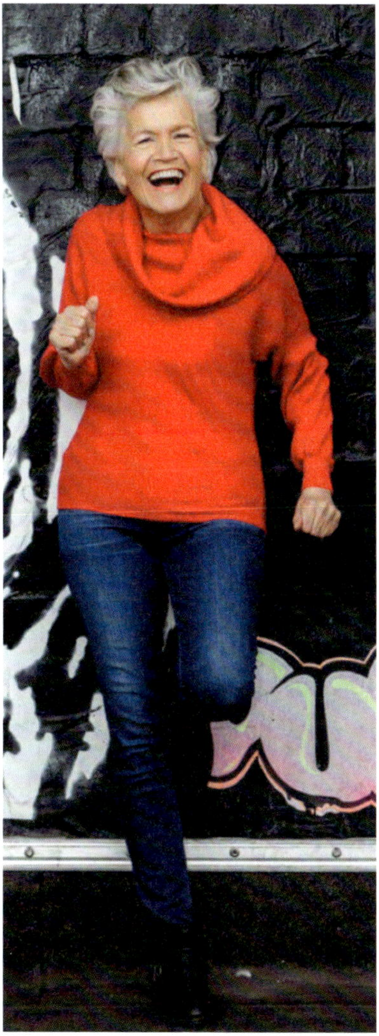

torials angeguckt, also die Gebrauchsanleitungen im Internet. Dann habe ich die Online-Freaks in den Communitys gefragt, bei denen hatte ich als Neuling Welpenschutz.« Die Mühe lohnte sich, zurzeit liegt die Resonanz bei zwei Millionen Klicks. Seitdem spricht sie auf ihren Videoclips auch über den Wert der Ausdauer.

Mit 70 dann der nächste Sprung: Ein Buch über die Lebensfreude im Alter, »Wie Brausepulver auf der Zunge«. Ein Bestseller. Es ist wie mit dem Steinchen, das, einmal ins Wasser geworfen, immer größere Kreise zieht. Eine Versicherung kaufte sechs ihrer YouTube-Filme ein und platzierte diese auf der eigenen Website – über das Honorar mag sie nicht sprechen. Zuletzt meldete sich ein chilenisches Filmteam, das sie als Vorbild für gutes Altern in Deutschland auf eine Plattform der Vereinten Nationen stellte. »Hey«, sagt Greta Silver und lässt den Wagen forsch auf den Parkplatz rollen. »Und das nur, weil ich Lebensfreude predige – ich habe schließlich kein Herz transplantiert!«

Trotzdem ist die Mission der Hamburgerin nicht zu unterschätzen: Unermüdlich ist sie unterwegs, um das Bild von Menschen über 60 und 70 neu zu prägen. Mit strahlendem Lächeln und leuchtender Kleidung tritt sie an gegen konventionelles Denken und Kleinmut, die die Freiheit der dritten Lebenshälfte behindern.

Ankunft Dorfgasthof, auf den Tischen Gedecke mit Kaffeetassen und Tortenstücken, Neugier liegt in der Luft. Greta wird begrüßt wie ein Star, stützt sich lässig auf den Tresen, die Karteikarten locker in der Hand. Von langen Vorreden hält sie nichts, lieber springt sie mitten hinein in ihr Referat, nimmt ihr Paradebeispiel vorweg. Es geht um Angst. Eingebildete Angst. Greta berichtet, wie sie eines Nachts von einem lauten Poltern aufschreckte, angststarr in der Erwartung, in den nächsten Minuten von Einbrechern massakriert zu werden – um bei Tageslicht festzustellen, dass auf dem Balkon bloß ein Brett umgefallen war. Falscher Alarm. »Angst entsteht im Kopf, und in diesem Kopf sind wir der Chef!«

Bedenken über Bord zu werfen, darin ist sie Meister. »Wenn etwas Neues kommt, schreie ich Hurra!« Noch ein Beispiel gefällig? Greta erzählt vom Wendepunkt ihres Lebens, als ihr Mann seinen Job verlor. Von der Krise, die sich als Chance entpuppte, denn die Mutter dreier Kinder krempelte die Ärmel hoch und startete mit 48 Jahren als Inneneinrichterin durch. Die Umgestaltung eines Büros war der erste Auftrag, es folgte das Innendesign von Hausbooten, dann von Hotels, zum Schluss führte sie ihr eigenes Pressebüro. »Manchmal hatte ich drei Jobs zur Zeit, kam mit vier Stunden Schlaf aus und dachte, wie toll ist das denn: Ich darf

Hotels einrichten!« Die Ehe ging irgendwann in die Brüche, aber Greta Silver fand auch hier ihren Weg. Vergeben. Verzeihen. Alles andere macht hart.

Nachgefragt: Was ist mit denen, die einfach nur alt werden wollen? Kein Problem, leben und leben lassen: Wer zufrieden damit ist, sich um die Enkelkinder zu kümmern und den Garten zu hegen – okay. Oder am liebsten in Beige unterwegs ist, weil die Farbe doch so praktisch ist und leicht zu pflegen – wer's mag. »Ich stehe für die, die sich fragen: Gibt's da noch mehr?« Der Schlusssatz ihres Vortrags trifft auf leuchtende Augen und gerötete Wangen: »Erwarte das Beste vom Leben, es steht dir zu!«

Mit einem Blumenbukett im Kofferraum geht es zurück nach Hamburg. Auf der Mittelkonsole des Autos stehen jetzt Nüsse als Nervennahrung. Model, Online-Coach, Autorin

und Rednerin: Die Marke Silver strahlt. Längst verwaltet die dreifache Großmutter Excel-Tabellen mit jenen Kernsätzen, die ihre Reden würzen: »Wirf Freude wie Konfetti auf die Menschen, und dein Leben wird schöner!« Auf der Rückbank leuchtet der rote Mantel. Und im Herbst erscheint ihr neues Buch, »Alt genug, um mich jung zu fühlen.«

www.greta-silver.de

Monika Fuchs
Deutschlands älteste Food-Bloggerin

Was sofort ins Auge fällt, ist der alte Tisch, an dem Monika Fuchs gleich zaubern wird. Ein Arbeitsplatz auf Stelzen, denn jedes Tischbein steht auf drei gestapelten Bänden »Brockhaus«. Lexika? Braucht kein Mensch mehr, seit es die Suchmaschine Google gibt. Kochbücher? Höchstens noch zum Blättern, denn jetzt gibt es ja Blogs!

Ein Symbol für digitale Zeiten, die auch in die große Altbauwohnung in Hamburgs gediegener Isestraße eingezogen sind. Seit Mai 2018 betreibt Monika Fuchs unter Anleitung ihres Sohnes Martin Stutterheim einen Kochblog. »Vorher wusste ich nicht, was ein Podcast ist, geschweige denn ein Blog. Ich gucke auch keine Kochshows.« Stattdessen macht sie jetzt selbst eine. Und zwar auf ihre eigene Art. »Liebe Freunde«, sagt sie etwa beim Herstellen eines Apple Crumble, »jetzt reicht es mir, jetzt muss ich mich mal hinstellen, dann kann ich einfach besser arbeiten.« Und schon erfasst die Kamera nur noch knetende Hände, die Mehl, Butter und Mandelstifte zerbröseln, der Kopf ist vorübergehend aus dem Bild gerutscht.

»Meine Lieben«, sagt sie an anderer Stelle, wenn es ums Zwiebelschneiden geht: »Manche machen eine Wissenschaft daraus, ich finde aber, das kann man machen, wie man will.« Monika Fuchs kocht Sonntagsküche mit guten Zutaten, mit perfektem Timing, mit viel Erfahrung – für kulinarische Mätzchen sollen bitte andere zuständig sein. Forelle blau? Ein feines Essen, von dem nichts umkommen soll. Also erläutert sie genau, wie man den Fisch zerteilt, damit es kein Chaos auf dem Teller gibt. Geduld und Sorgfalt sind nämlich die wichtigsten Zutaten beim Kochen. Eine Prise Humor kann auch nicht schaden. Einzigartig sind ihre Tricks: Wie sie gegarten Tafelspitz mit einem alten Kupfertopf beschwert und über Nacht ruhen lässt, damit sich das Fleisch am nächsten Tag gut schneiden lässt. Und die Brühe erst! Die Kamera kann sich gar nicht sattsehen an der goldfarbenen Essenz, die mit einer angebratenen Zwiebel gefärbt und vor dem Servieren durch ein Küchentuch geseiht wurde.

Das mit dem Blog war die Idee ihre Sohnes Martin, der eine Werbeagentur betreibt und seine weitgereiste Mutter – ehemals Journalistin, später lange für das Catering bei Reinhold Beckmann zuständig – unbedingt vor der Kamera sah. Da steht sie nun, die grauen Haare zusammengesteckt, meist in karierten Hemden und grundsätzlich ohne Schürze. Im Hintergrund Wandleisten mit penibel aufgereihten Messern und Scheren, in einer Schublade Puderdose und Lippenstift – das ist schon das gesamte Make-up. »Ich bin 80 und sehe nun mal aus wie 80. Schminke steht mir nicht.«

2500 Abonnenten hat der Blog mittlerweile, 1000 der Newsletter. Immer wieder montags wird eine neue Folge gedreht, höchst entspannt, denn was danebengeht, wird rausgeschnitten. 30 Rezepte wurden bereits ins Netz gestellt, 15 haben beide noch fertiggedreht auf Vorrat, nur die Rezeptur der einzigartigen Salatsauce à la Monika wird nicht preisgegeben. »Kommen schlechte Zeiten, werde ich noch ein Geschäft draus machen. Die kann man dann im Supermarkt

kaufen.« Die Technik liegt beim Sohn, die Performance bei der Mutter, die nicht nur Köchin, sondern auch eine geübte Gastgeberin ist. Seit vier Jahren Jahren lädt Monika Fuchs jeden Freitag bis zu 20 Fremde in ihre Wohnung ein. Ein kulinarischer Salon, für den es mittlerweile Wartelisten gibt. Das Erfolgsrezept: Sie kocht, einige ihrer sieben einsatzfähigen Enkel (zwei sind noch zu klein) übernehmen den Service, die Gäste fühlen sich ein bisschen wie bei Muttern, staunen über die liebevoll gedeckte Tafel mit dem Silber und den gestärkten Tischtüchern, laben sich an vier Gängen. Gegen Ende des Abends gesellt sich die Gastgeberin dazu und stellt ihre berühmte Kennenlern-Frage: »Was wolltest du werden, und was bist du geworden?« Es wird viel gelacht an den Tischen, die Gastgeberin würzt ihre Abende gern mit Döntjes aus ihrem bunten Leben, aber um 23 Uhr ist Schluss, dann wird Kassensturz gemacht. Was vom Honorar abzüglich der Zutaten übrig bleibt, geht an ein Kinderheim.

81 wird Monika Fuchs in diesem Jahr. Kein Alter, findet sie. Nur am Tag nach ihren abendlichen »Supper-Clubs« ist sie ein wenig angestrengt, ruht auf dem Sofa aus und liest auf ihrem roten Kindle die neuesten Bücher. »Ich lese, wo ich gehe und stehe.« Dann folgt auch schon der Blick in den Com-

puter, wo sie mit Excel-Tabellen die Gästelisten pflegt und Menüfolgen zusammenstellt. Was ihr nie auf den Teller käme? »Schnecken. Allein wenn ich das Wort sage, kriege ich Gänsehaut.« Dagegen ihr Lieblingsrezept? Na gut, auch das wird heute verraten. Manchmal, nachts, wenn der kleine Hunger kommt, steht Monika Fuchs auf, schmiert sich eine Scheibe Vollkornbrot mit reichlich Butter, legt Tomatenscheiben drauf, streut Salz und Chilipulver drüber. Die einfachen Genüsse sind nämlich die besten. Hauptsache, die Zutaten stimmen.

www.monika-fuchs-kocht.de

Monika Kohut

Gemeinsam wohnen per Mausklick

Der Weg zum Glück in der Gemeinschaft führt über einen Klick ins Internet und 50 Fragezeichen. Prüfen auf Herz und Nieren, denn wer mit anderen zusammenleben will, sollte sich zunächst einmal selbst analysieren. Also: Wie halten Sie es mit Politik und Religion, mit Ernährung, Allergien und Tischmanieren, mit dem Rauchen, mit Haustieren, Familienbesuch? Sind Sie vom Tagesrhythmus her früher Vogel oder Siebenschläfer, brauchen Sie eine Villa mit Marmorbad oder reicht ein Zimmer mit Dusche? Gründerin Monika Kohut (68) überlässt mit »Gold WG«, dem ersten Onlineportal für Wohngemeinschaftsanwärter über 50, nichts dem Zufall.

Für viele ist ein Lebensabend in Gemeinschaft ein Traum. Gerade in Zeiten, in denen Familien auseinanderbrechen, Freunde womöglich schon verstorben sind, in den Großstädten die Mieten explodieren und ein einsames Altwerden gelegentlich wie ein bedrohlicher dunkler Tunnel erscheint. Wie schön wäre dagegen eine Familie nach Wahl: gemeinsam frühstücken, abends ins Konzert, ein Schwätzchen zwischendurch – und wenn einer mit Fieber flachliegt, kommt der Nachbar mit Kamillentee vorbei. Aber woher passende Mitbewohner und den geeigneten Rahmen finden?

Mit »Gold WG« könnte dieser Traum nun Wirklichkeit werden. Das Portal sammelt Interessenten und bringt die passenden nach einem ausgeklügelten System zusammen. Ab 60 Prozent Übereinstimmung, angezeigt von einem »Pass-o-meter«, stehen die Chancen für ein Zusammenleben gut, 80 Prozent Übereinstimmung ist das höchste, was erzielt werden kann. 100 Prozent gibt's nie.

Fünf Jahre Vorbereitung steckte die langjährige Marketingfachfrau Kohut zusammen mit Sohn Myron (39) in die Vorbereitung ihrer interaktiven Plattform, die sich an den Matching-Portalen von Partnervermittlungen orientiert. Nur dass sie eben keine Singles zusammenführt, sondern WG-Interessenten. 2012 entstand die Idee, 2017 ging sie an den Start.

Monika Kohut ist eine Frau, die anpackt. Das Haar perfekt frisiert, die Kleidung modisch, eine typische Vertreterin der aktiven dritten Lebenshälfte. »Agil und aufgeschlossen« sollten auch die Kandidaten sein, die sich bei ihr melden.

Die Fragen arbeitete sie mit Psychologinnen aus, bei dem Algorithmus, der die passenden Teilnehmer zusammenbringt, halfen ihr die Statistiker der Universität München. Kohut kennt alle Situationen, die in einer WG zu Reibung führen könnten, aus der Praxis. Seit dem Auszug des Sohnes teilt sie sich 110 Quadratmeter in Neuried bei München mit wechselnden Mitmietern. Konflikte, so ihre Erfahrung, kommen vor, sind aber kein Beinbruch. »Die Grundvoraussetzungen für eine funktionierende Gemeinschaft sind Respekt, Kompromissbereitschaft, Toleranz, Teamgeist und Fairness.«

Je mehr die gebürtige Rheinländerin in das Thema einstieg, desto größer wurde ihr Geschäftsfeld. Mittlerweile hilft sie mit ihrem Team dabei, geeignete Objekte zu finden, vermittelt bei Bedarf eine Mediatorin (Streitschlichterin), hat einen Ratgeber zusammengestellt. Darin verweist sie auf

Fachanwälte, mit denen die Verträge abgestimmt werden sollen. »Für eine WG reicht ein Standard-Mietvertrag nicht. Denn hier muss ja die nachhaltige, bestenfalls sogar lebenslange Absicherung aller Mitbewohner gewährleistet sein.«

Sie hat viel gelernt in den vergangenen Jahren. Das Wichtigste: Ein halbes Jahr dauert es mindestens, um die Menschen auszuwählen, mit denen man fortan zusammenleben möchte. Und weitere sechs Monate, um ein passendes Zuhause zu finden. Dann braucht es die Fähigkeit, »in die Pötte zu kommen und den entscheidenden Schritt zu tun«. Loslassen ist wichtig: »Im Alter 50 plus steht keiner mehr mit einem Koffer vor der Tür. Da müssen Wohnungen verkauft, Mietverträge gekündigt werden.« Trotzdem, daran glaubt sie fest, wird der Alten-WG die Zukunft gehören: schon allein wegen der angespannten Mietsituation in den Großstädten. Die Münchner Innenstadt ist fast schon unbezahlbar, gerade kleine Wohnungen sind begehrt. Größere Wohnungen oder Häuser, die etwas außerhalb liegen, sind dagegen viel leichter zu bekommen. In Wien, dem Sitz ihres Unternehmens, hatte ein Gold-WG-Mitglied nun die Idee, einen Stammtisch zum Erfahrungsaustausch zu gründen. Dazu sollen auch Experten geladen werden, die kurze Vorträge zum Thema halten. Sie selbst teilt sich ihre Wohnung mittlerweile mit einem 56-Jährigen, gefunden über »Gold WG«. 79 Matching-Punkte ermittelte der Algorithmus – passt! »Ursprünglich wollte ich nur mit Frauen zusammenleben, habe meine Einstellung aber grundlegend geändert.«

Einige ihrer persönlichen Träume musste Kohut allerdings begraben. Lange Sommer in Gemeinschaft an einem See in Mecklenburg-Vorpommern – daraus wurde nichts. Die Organisation erwies sich als zu kompliziert. Oder die Idee, den Winter im warmen Südafrika zu verbringen, wo sie vor »Gold WG« bereits ein halbes Jahr gelebt und gearbeitet hatte – ebenso gestrichen. »Die sozialen Spannungen haben wieder deutlich zugenommen. Zudem sind die Miet- und Kaufpreise auch in Kapstadt explodiert.«

Idealismus ist eben schön, Realismus besser. Nach diesem Grundsatz schafft Monika Kohut den Rahmen, in dem Menschen die Philosophie des Teilens in Gemeinschaft leben können. Mehr kann sie nicht tun. »Von einem bestimmten Punkt an ist Eigeninitiative gefragt. Die gebratenen Tauben fliegen niemandem in den Mund.« Nicht mal bei »Gold WG«.

www.gold-wg.com

Bettina Hagen

Bunte Schätze im Onlinearchiv

Stimmt ja gar nicht, dass das Internet flüchtig und unverbindlich ist. Die Website der Hamburger Künstlerin Bettina Hagen ist ein Schatz, quasi eine Kiste mit Fotos, die andere auf Dachböden verstauen würden.

Wer sich reinklickt in ihr Onlineatelier, versinkt in einer Welt aus bunten Farben, wird an die Hand genommen von einer Frau, die angeblich schon 70 ist, aber mit ihrem Pagenkopf und den Turnschuhen fast an ihr Idol Pippi Langstrumpf erinnert. Die Rubriken ihrer Website sind säuberlich geordnet. Menschen, Landschaften, Food & Co, herausgehoben sind die Porträts von Kindern. Es folgen Erläuterungen ihrer Art zu malen – »suprarealistisch« nennt sie diesen Stil. Mal an die Kühle eines Edward Hopper erinnernd, mal an die Direktheit naiver Maler.

Hagen arbeitet in ihrer Hamburger Dachgeschosswohnung vor ihrem Computer, wie andere einen Garten bestellen: Hier wird ein Bild verschoben, dort eine Trouvaille ins rechte Licht gerückt, gelegentlich etwas Neues gepflanzt. Gern verfremdet sie ihre eigenen Bilder mit grafischen Effekten: Dann blickt Keith Richards aus einem Blitzlichtgewitter, Beethoven verschwindet in grafischen Schnipseln. Längst nutzt sie die Möglichkeiten der Bildbearbeitungsprogramme, um ihren Werken kleine Eigenheiten aufzutupfen: Da wird mit einem winzigen Onlinepinsel von der Uniform des alten Fritz ein Knopf entfernt oder eine Locke verfeinert.

Das Onlinearchiv der Bettina Hagen birgt nicht nur die eigenen Werke, sondern auch unzählige Fotos ihrer Karriere: In den Siebzigern war die Hamburgerin »Germanys First Topmodel«, lief für die großen Modeschöpfer von Kenzo bis Yves St. Laurent, pendelte zwischen New York, Mailand und Rom. Unzählige Fotos gibt es aus dieser Zeit: Bettina im kurzen gelben Courrèges-Mantel, Bettina lachend, mit durchaus eigenwilliger Zahnstellung, ihrem Markenzeichen. Eine weitere Spielwiese ist Facebook, jenes Onlinetagebuch, das sie fast täglich mit Bildern und Kommentaren füllt. Wer ihr dort folgt, erhält Einblicke in ein buntes Leben: Manchmal postet sie Fotos aus jenen Jahren, als sie nach dem Auslaufen ihrer Model-Karriere Strickdesignerin wurde, für ihre Boutique »Viva« Pullover entwarf und von ihren Laufstegkolleginnen vorführen ließ.

Dann zeigt sie eigene Bilder passend zu den verschiedenen Jahreszeiten. Oder persönliche Motive wie das von dem Sänger Leonard Cohen, mit dem sie eng befreundet war. Oder Wahlverwandtschaften, die sie in künstlerischer Freiheit zusammenführt: Astrid Lindgren trifft Pippi Langstrumpf, die Brüder Grimm treffen die Brüder Humboldt. »Ich führe gern Gegensätze zusammen, wenn es in meinen Augen passt,« sagt Hagen.

Fast 20 Jahre ist es her, dass die Hamburgerin ihren ersten Computer erstand: »Ich habe mich zunächst gar nicht getraut, auf die Knöpfchen zu tippen!« Dann engagierte sie für die Erläuterung der ersten Schritte einen Studenten, »und schon brach der Damm«. Wenn man so will, archiviert die Frau mit der immer noch unbekümmerten Ausstrahlung auch ihr eigenes Älterwerden. Das Wunderbare: Die Bettina von einst, die in bunten Pullovern von Kenzo über die Lauf-

stege stakste, ähnelt der von heute wie eine Zwillingsschwester. »Ein genormtes Alter gibt es nicht mehr«, stellt sie fest und ist selbst der beste Beweis. Kürzlich wurde sie von einer Zeitschrift um einen Artikel zur »MeToo«-Debatte gebeten und hatte die Idee, ihre früheren Model-Kolleginnen zu befragen. Via Facebook kein Problem. Die Damen schlossen sich per Mausklick zusammen und ließen die alten Zeiten Revue passieren.

»Malen und gestalten ist mein Leben!«, sagt Hagen. Ein erfülltes Leben, das sie gern mit anderen teilt. 550 eigene Arbeiten hat sie mittlerweile archiviert. Die individuell bemalten Bierdeckel, die sie aus dem ehemaligen Restaurant ihres Mannes Ralph Larouette übernahm, nicht mitgezählt.

Wer auf ihrer Website stöbert, kriegt unweigerlich gute Laune. Spätestens, wenn er bei der Galerie der Frühstücksbrettchen in Nierenform landet, die Hagen allmorgendlich mit Gurkenscheiben, Salamiteilchen, Radieschen und allem, was man frühstücken kann, zu Gesichtern formt und dann fotografiert. »Mit Essen spielt man nicht« nennt sie diese Arbeiten. Mit Computern und ihren Möglichkeiten schon!

www.bettina-hagen.de

Elisabeth Scherf

Klick für Klick die Welt erobern

Wäre die Welt ein Kuchen, sie hätte sich garantiert ein gutes Stück herausgebrochen. Schön saftig, mit Kirsche obendrauf. Elisabeth Scherf rauscht durchs Leben, als gäbe es keine Verbote. Blüh wie das Veilchen im Moose? Bitte nicht mir ihr. Allein die Visitenkarte der früheren Lehrerin: gleich drei Internetadressen verweisen auf die Art, wie sie mit ihren 80 Jahren die Welt erfasst. Da wäre zunächst ihr Blog, auf dem sie einmal in der Woche ihre Meinung kundtut – mal eine Kritik über den neuen Astrid-Lindgren-Film, mal Eindrücke über eine Reise mit den Grünen nach Berlin. Dann ihre Bücher, von denen sie drei schrieb und über 1000 verkaufte.

Und zum Schluss ihre Skulpturen.

Wer der Dame mit den wachen Augen gegenübersitzt, macht sich unwillkürlich gerader, um diesem ungebremsten Energieschwall standzuhalten. Der Motor, der sie antreibt? »Ich lerne und ich spiele gern.« Wohl wahr: Neben Deutsch spricht sie auch Englisch, Französisch, Italienisch, Chinesisch und lernt gerade Holländisch. Die meisten dieser Sprachen unterrichtet sie auch.

Wer so durchs Leben geht, kennt keine Verzagtheit und mag Kleinmütige nicht um sich haben. Als der noch jungen »Elisi«, wie sie von Freunden genannt wird, einst der Mann abhanden kam, suchte sie sich eben einen neuen und zwar nach einem 23-Punkte-Plan. Ganz wichtig: Er sollte musikalisch sein. Und politisch links. Und ehewillig! Wenige Wochen nur brauchte es, dann fand sich ein Interessent bei einem Italienischkurs in Florenz. Seit vielen Jahren sind Elisi und ihr Mann Rainer nun verheiratet, spielen gemeinsam Cello, Doppelkopf und Mahjong. Weil Elisabeth Scherf so gern lernt und noch lieber reist, am liebsten für länger, wurde das Internet zur Spielwiese, auf der sie ihre internationalen Bekanntschaften pflegt. Nie würde sie auf die Idee kommen, in ihrem Alter sei nun langsam Rückzug angezeigt. Gerade ist sie bei den Grünen eingetreten, sie hält Lesungen aus ihren Büchern und ist auf Poetry-Slams anzutreffen, zu sehen auf www.youtube.com. Dort trägt sie mit lauter Stimme (Lehrerin!) ihr Motto vor: »Was ich am besten kann auf Erden, ist ohne Zweifel älter werden!«

Die etwas nachsichtige Freundlichkeit, mit der die jüngeren Teilnehmer der alten Dame die Bühne freigeben, prallt an ihr ab. Da oben steht eine Frau, die etwas zu sagen hat und nicht ein einziges Mal auf ihren Spickzettel blickt. Die negativen Vorstellungen vom Altsein – sind die nicht in Wahrheit eine Art Massenhypnose? »Es kommt nicht auf dein faltenfreies Gesicht an, sondern darauf, wie viel Leben du aufnehmen kannst.« Begrenzungen zimmern wir uns selbst, und bei diesem Spiel macht Elisabeth Scherf nicht mit. Auch beim Thema Lebenszeit sieht sie ausschließlich die Möglichkeiten: »Ich will 100 werden!« Wir werden von ihr hören – als Nächstes will die Cosmopolitin, die in Shanghai und London lebte und nun ein Studienjahr in Utrecht anpeilt, eine Onlineplattform für nicht-deutsche Europäer schaffen. Außerdem fertigt sie Bücher aus Papierschnipseln, der Titel steht schon fest: »Meine ersten 80 Jahre«. Dann geht sie neuerdings in Pflegeheime und liest aus »Pippi Langstrumpf« vor, weil sie Astrid Lindgren so liebt. Das Lamento vieler älterer Frauen, sie würden ab einem bestimmten Alter unsichtbar, kann sie nicht teilen: »Man wird nur unsichtbar, wenn man nichts mehr macht, was sichtbar ist.« Wer der lebenssprühenden Dame mit den Strickmützen (im Winter) oder Strohhüten (im Sommer) nicht persönlich begegnen kann, klickt eben ihren Blog an oder besucht sie auf Facebook. Das Vergnügen ist ausgesprochen gegenseitig: Noch morgens im Bett liegend, eine Tasse Tee zur Hand und den Laptop auf den Knien, registriert sie, wie viele Fans ihr Onlinetagebuch anklickten, und staunt über die internationale Resonanz. »Morgens um sechs kommen wegen der Zeitverschiebung die Amerikaner.« Wovor soll ihr bange sein? An der Alster sitzen und online mit vielen Menschen verbunden sein – das geht auch noch mit 100. »Ich fühle mich in der ganzen Welt zu Hause«, sagt Elisabeth Scherf und bestellt ein Stück Birnentarte. »Und zwar als jemand, der sein Leben gestaltet.«

www.elisabethscherf.wordpress.com
www.welt-ohne-geld.de
www.elisabethscherf.de

Dieter Backhaus

Fit mit hundert – wetten, dass?

Im beschaulichen Lülsfeld in Bayern kennt man ihn schon, den drahtigen Mann mit dem graumelierten vollen Haarschopf: Verlässlich wie der Sonnenaufgang joggt Dieter Backhaus morgens durch die Felder, auch bei Regen und Sturm. Ein Mann unter Strom, fit wie ein Turnschuh. Wie seinen gesamten Lebensstil hat der 78-Jährige auch das Morgentraining auf seine Altersgruppe zugeschnitten: einige Minuten Laufen, dann Walken, zwischendurch auch mal rückwärts gehen, denn das schult den Gleichgewichtssinn. Manchmal trägt er ein Headset mit Kamera auf dem Kopf, um die Bilder von wispernden Zweigen und hoppelnden Hasen gleich ins Internet zu stellen.

Wer rastet, der rostet, und deshalb hat Backhaus ein ausgeklügeltes Fitnesskonzept für die Generation 60 plus entwickelt. Bestes Testimonial ist er selbst. Gleich nach dem Aufwachen drängt es ihn nach Bewegung: Die Füße rotieren unter der Bettdecke, weil das die Blutzirkulation antreibt, dann wird noch im Liegen mit den Beinen »Fahrrad gefahren«, Backhaus nennt das: seinem »inneren Schweinehund in den Hintern treten«. Sodann seitliche Liegestütze, genannt Planking, für straffe Muskeln und weniger Bauchfett. »Jährlich setzt der Körper zwei bis drei Prozent mehr Fett an und verliert entsprechend Muskeln.« Nicht mit ihm. Zum Frühstück mit Frau Gerdy kommen zunächst Proteine auf den

Teller, dann zuckerarme Kohlenhydrate, beim Essen hält er sich an Mittelmeerkost nach Rezepten aus Sardinien, wo in einer Bergregion viele Hochaltrige leben. Manchmal reichen sich die vitalen Eheleute überm Frühstückstisch die Hände: »Wir sind ein kleines Weltwunder, oder?«

Als Backhaus 2005 in Rente ging, erhielt er von einer großen Firma noch einen Beratervertrag als Spezialist für Funktionskleidung. »King of Function« nennt man ihn seitdem in der Branche. Jetzt dreht er an einem ganz anderen Rad: Dieter Backhaus, geboren am 7. September 1940, will hundert Jahre alt werden, und zwar so fit wie irgend möglich. Und er will andere mitziehen, deshalb arbeitet er seit Monaten daran, eine Online-Community zu gründen, die ihm auf seinem

Weg folgt. Der Titel steht fest: »Fitter Turnschuh mit 100. Wetten, dass?«

Das Bild vom hinfälligen Alter mag er so nicht stehenlassen, er selbst ist ja der beste Gegenbeweis. Die Spezialwaage gibt ihm recht: 74 Kilo bei 1,84 Metern Größe, BMI 21, genau genommen muss er nur achtgeben, nicht noch drahtiger zu werden. Backhaus hat sich tief in Statistiken über die älter werdende Generation gegraben. Ab 2025 werden Millionen Babyboomer in Rente gehen, da ist Fitness erste Bürgerpflicht, denn es geht darum, in guter Verfassung zu Hause alt werden zu können. 2040 wird es angeblich 100 000 Hundertjährige geben, und Dieter, daran glaubt er fest, ist dabei.

Seine Wette: Wenn er an seinem runden Geburtstag am 7.September 2040 um die Hamburger Alster geht oder radelt, wird danach ganz groß ins feine Hotel Atlantic zum Frühstück eingeladen! »Altersmanagement ist Risikomanagement«, weiß Backhaus, der ehemalige Manager. »Und das größte Risiko ist die Einsamkeit.« Der läuft er mit seinem Fitnesskonzept für Senioren locker davon. Allein der Aufbau seiner Website trägt ihn schon jetzt durch aktive Tage: Er verhandelt mit Grafikern und gibt Videofilme in Auftrag, er schreibt an einem E-Book, preist seine Idee in seinem Rotary-Club und will den Bürgermeister von Lülsfeld als Unterstützer gewinnen.

Kernstück seiner Online-Community soll eine »Tipperia« mit Tipps für ein aktives Alter sein. Darauf könnten Unternehmer auch passende Produkte posten, denn gegen Werbeeinnahmen ist nichts zu sagen. Er selbst hat für seinen Onlinemarktplatz schon 200 hilfreiche Hinweise gesammelt, wie man gesund durchs Alter kommt. Die richtige Kleidung für Sport gehört dazu, da ist er schließlich Fachmann, aber auch ganz simple Tipps wie den, in den Supermarkt nie ohne Lesebrille zu gehen: »Nur so kann man das Kleingedruckte auf den Verpackungen lesen.«

30 Prozent der Deutschen, hat Dieter Backhaus recherchiert, wollen gar nicht 100 werden. Das kann er nicht verstehen. Wichtig ist doch nur, dass man gesund durch die geschenkten Jahrzehnte läuft und nicht zur »still vor sich hinrostenden Couch-Potatoe mutiert«. Der beste Treibstoff für ein langes Leben ist allemal die Lust auf Zukunft, und die sieht Dieter Backhaus in seinem Start-up in der digitalen Welt. Jetzt heißt es nur noch ein paar weitere Ideen sammeln, und schon geht die Seite »Fitter Turnschuh mit 100« ans Netz. Wetten, dass?!

Angenommen, Sie haben jetzt von Ihrem Tablet aus E-Mails an die Freundin verschickt, vielleicht mal bei Facebook gestöbert und bei Google gecheckt, was Ihr Lieblingstheater demnächst auf dem Spielplan hat. Online gibt es jede Menge Anregungen zum Zeitvertreib. Es gibt aber noch mehr. Ganz praktische Tipps nämlich. Gleich treffen Sie vier Frauen, die online Hilfe im Alltag anbieten.

Sophie Rosentreter hat Lernmittel und Beschäftigungsprogramme für Menschen mit Demenz entwickelt,
Silke Wiederhold betreibt ein Seniorenmagazin inklusive Onlineauftritt,
Simone Brüggemann verantwortet das Onlineportal »59 plus«,
Christine Worch bringt Senioren mit kleiner Rente und Schüler zu gemeinsamen kulturellen Unternehmungen zusammen.
Alles Initiativen, die Anregungen mit praktischen Alltagshilfen verbinden – hier stellen wir die Gründerinnen in kurzen Interviews vor.

Sophie Rosentreter

Sophie Rosentreter (43) ist Aktivistin im Bereich Demenz, hat viele neue Initiativen im Umgang mit demenziell veränderten Menschen entwickelt und betreibt ihre eigene Website »Ilses weite Welt«, benannt nach ihrer Großmutter.

Frau Rosentreter, beim Thema Demenz gucken die meisten Menschen gern weg, Sie nicht. Auf Ihrer Website »Ilses weite Welt« bauen Sie Brücken in die Welt der Erkrankten, für die DAK geben Sie online hilfreiche Tipps. Welchen zuletzt?

Rosentreter: Ich ermutige dazu, Menschen mit Demenz Märchen vorzulesen. Auf der Website der DAK ist dazu ein Interview mit einer professionellen Märchenerzählerin zu sehen. Für »Ilses weite Welt« habe ich gerade einen Film gedreht, wo Prominente wie Bettina Tietjen und Christine Westermann Märchen vorlesen.

Warum gerade Märchen?

Menschen mit Demenz erinnern oft noch die Zeitspanne, als sie ein Kind oder ein junger Erwachsener waren. Daran können die vertrauten, alten Geschichte anknüpfen. Außerdem leben Märchen von Ritualen, die für demenziell Veränderte wichtig sind. Alle beginnen mit den Worten »Es war einmal«, alle gehen gut aus.

Außerdem haben Sie Beschäftigungsmaterialien entwickelt, die über Ihre Website auch bestellt werden können. Dazu gehören Bildkarten und Filme, die Sie selbst produzieren. In einem ruhigen Tempo werden spielende Kinder gezeigt, blühende Gär-

ten, umhertollende Hunde oder Musiker, die singen und Gitarre spielen. Was kommt am besten an?

Der Hundefilm ist ein besonders großer Erfolg, da gehen die Herzen auf! Selbst wenn eine Dame mir erklärt, sie möge keine Hunde, sondern nur Katzen – schon kommen wir darüber ins Gespräch. Der Musikfilm funktioniert auch gut. Selbst wenn man den eigenen Namen nicht mehr weiß und keinen Satz mehr geradeaus sprechen kann: Lieder werden erinnert. Plötzlich singt eine Erkrankte vier Strophen von »Hoch auf dem gelben Wagen« klar und deutlich mit!

Was haben Sie Besonderes bei Ihrer Arbeit herausgefunden?

Für mich gibt es im Umgang mit Demenz nicht den einen Königsweg, sondern ganz viele. Das mag für den einen die Musiktherapie sein, für den anderen die integrative Validation, also ein wertschätzender Umgang, der den Betroffenen in seinen verbliebenen Ressourcen erreicht. Am wichtigsten ist das Gefühl. Auch Mitarbeiter und Angehörige müssen emotional berührt werden. Da sind wir den Menschen mit Demenz sehr gleich, denn auch die können irgendwann nur noch über das Gefühl kommunizieren.

Was tun Sie konkret, um Ihre Erkenntnisse zu verbreiten?

In den letzten Jahren habe ich rund 300 Schulungen und Vorträge gegeben. Ich halte Vorträge für Angehörige, gehe in stationäre Einrichtungen und Krankenhäuser, schule die Mitarbeiter von der Hauswirtschaft bis zur Pflege.

Warum ist auch die Hauswirtschaft dabei?

Wenn ein Team sich nicht als Einheit fühlt, kann es auch mit den Bewohnern nicht funktionieren. Ich versuche, das

Team zu stärken, indem ich die Welt der Demenz erkläre sowie die Reaktionen der Angehörigen, die ja meistens nur kommen, um sich zu beschweren. Ich versuche zu erläutern, warum die Söhne und Töchter eigentlich so reagieren und was das mit Schmerz, Scham und Leid zu tun hat. So eröffne ich den professionell Pflegenden neue Blickwinkel, die dann hoffentlich zu dem Schluss führen: »Ach ja, jetzt verstehen wir. Und genau genommen sind ja wir die Klügeren.«

Ihre Großmutter Ilse, deren Demenzerkrankung der Auslöser für Ihr Wirken war, ist 2009 gestorben, Ihre Mutter kurz darauf. Sehen Sie einen Zusammenhang?

Ja. Wir haben meine Großmutter sieben Jahre zu Hause gepflegt, bis wir nicht mehr konnten. Dann haben wir sie noch zwei Jahre in ein Heim gegeben. Meine Mutter ist nur zwei Jahre und einen Tag nach meiner Großmutter gestorben. Sie hat für ihre Mutter alles gegeben, ohne selbst Hilfe anzunehmen. Es gibt Erkenntnisse, dass diese aufopferungsvollen Menschen dann selbst schnell zum Pflegefall werden, und so war das auch bei ihr. Ich bin mir sicher, dass wir uns zu wenig Unterstützung geholt haben und sie mit der Pflege ihrer Mutter überfordert war.

Was muss anders werden?

Die Hilfe, die es da draußen gibt, wird kaum genutzt. Da versuche ich, Mut zu machen. Hilfe anzunehmen ist kein Zeichen von Schwäche, sondern von Stärke!

Sie sind freie Mitarbeiterin der DAK und eine begehrte Vortragsreisende. Sind Sie zufrieden damit, wie Ihre Erkenntnisse übernommen werden?

Ich wünsche mir, dass in der Öffentlichkeit noch mehr die Möglichkeiten benannt werden, nicht nur die Probleme! Es gibt so viele tolle Projekte wie die »Generationenbrücke Deutschland«, »Konfetti im Kopf«, »Dialog mit der Zeit« – die sollten herausgestellt werden. Ganz wichtig: Es hilft nichts, immer nur auf die Politik zu zeigen. Jeder muss bei sich selbst anfangen. Was wirklich zählt im Leben, sind die Beziehungen, die wir leben oder gelebt haben.

In Deutschland leben 1,7 Millionen Menschen mit einer Demenz, 300 000 erkranken jährlich neu. Falls Sie selbst irgendwann betroffen wären – haben Sie sich schon Gedanken darüber gemacht, wie Sie dann leben wollen?

Ich würde gern später auf einem Bauernhof mit meiner besten Freundin Katrin wohnen, das haben wir schon besprochen. Es gibt mittlerweile Höfe, die für Menschen mit Demenz umgebaut werden. Ich möchte malen, Tiere um mich haben, mit anpacken, kurz, ein buntes Leben führen. Lebensfreude ist auch mit Demenz möglich.

Sie waren mal Model und Moderatorin, arbeiten seit Jahren mit Kranken. Vermissen Sie gelegentlich Ihre alte Welt ?

Nein. Was ich jetzt tue, erfüllt mich sehr. Wenn ich in einem Heim bin und eine demenziell veränderte Dame kommt auf mich zu und umarmt mich, anschließend sitzen wir da und halten fünf Minuten lang Händchen, dann ist das eine große Belohnung für mich und mein Wirken, und ich fühle mich reich beschenkt.

Trotzdem: Die ständige Auseinandersetzung mit Demenz muss doch auch deprimieren?

Umgekehrt: Je mehr ich mich mit dem Themen Alter, Krankheit und Tod auseinandersetze, desto weniger Angst habe ich davor.

www.ilsesweitewelt.de
www.dak.de/pflegeleicht

Simone Brüggemann

Simone Brüggemann ist Mitbegründerin des Onlinemagazins »59 plus«, das die Welt der Älteren seit drei Jahren mit Anregungen, Rat und Unterhaltung begleitet.

Frau Brüggemann, warum gründet eine Frau mit Ende 40 ein Onlinemagazin für die ältere Generation?

Brüggemann: Das liegt an meiner Mitgründerin! Ute Kördel und ich haben uns zufällig auf Borkum kennengelernt, sind spontan gemeinsam nach Indien gefahren und haben festgestellt: Das passt! Ute ist 72, für jedes Abenteuer zu haben, ein Vorbild an Lebenslust. Von wegen, die Generation 59 plus sei alt! Wir wollten das Gegenteil beweisen, und schnell war uns klar: Wir setzen mit unserem Magazin nicht auf ein klassisches Printmedium, sondern gehen gleich in die digitale Welt, die für jeden Nutzer kostenlos zugänglich ist. Es ist für alle vermeintlich Alten wichtig, dass sie diese Entwicklung mitgehen. Sie müssen nicht mehr alles lernen, aber den Einstieg finden!

Sie bieten Inhalte in verschiedenen Rubriken an, etwa »Kultur & Gesellschaft«, aber auch »Technik & Fortschritt«: Wie sind diese Rubriken entstanden, welche sollen noch folgen?

Wir sind da ganz offen, freuen uns auch über Anregungen. Mit unserem Werbepartner Orthomol haben wir etwa die Rubrik »Fit im Kopf« entwickelt – da können wir alles reinpacken, was mit mentaler Leistungsfähigkeit zu tun hat.

Stichwort Werbung: Werbekunden buhlen gemeinhin um jüngere Käuferschichten und wollen nicht in Medien mit älteren Nutzern inserieren. Wie erleben Sie das?

Brüggemann: Genauso. Wir gehen diesen Weg trotzdem weiter, weil wir uns sicher sind: Es muss sich in den nächsten Jahren etwas ändern. Erste Anzeichen sieht man ja: Agenturen mit Models der Generation 50 plus nehmen zu, in Hamburg etwa die »Elbmodels«. Die Älteren wollen keine 20-Jährigen als Werbeträger sehen, sondern Menschen ihrer Altersklasse.

Tatsächlich haben Sie keine Berührungsängste, trauen sich auch an Themen wie Demenz und Tod heran. Printmedien machen um solch negativ behaftete Themen eher einen Bogen.

Brüggemann: Weil es eine diffuse Angst gibt. Und warum gibt es diese Angst? Weil wir zu wenig wissen. Demenz steht zunächst als diffuses Schreckgespenst im Raum ...

Was machen Sie anders?

Brüggemann: Was mir die Angst nimmt, ist eine Erklärung in verständlicher Sprache – was passiert da eigentlich? Der Kern der Persönlichkeit bleibt nämlich erhalten, der Krankheit zum Trotz. Man muss nur andere Wege finden, um diesen Kern zu erreichen. Ich bin gerade dabei, eine Fibel mit praktischen Tipps zu erstellen. Ein Beispiel: Meine Geschäftspartnerin und Freundin Ute erzählt mir, welche Songs sie in ihrer Jugend gehört hat, daraus entwickeln wir beide eine Playlist. Falls eine Demenz eintritt und die Sprache verkümmert, kann man auf diese Lieder zurückgreifen und ein Türchen zur Erinnerung offen halten. Von diesen praktischen Tipps will ich noch mehr zusammenstellen.

Was ist Ihrer Erfahrung nach das größte Bedürfnis Ihrer Leser?

Das nach Austausch. Deshalb beantworten wir auch jeden Kommentar, egal, ob auf Facebook, Twitter oder Instagram. Das ist für uns eine Frage der Wertschätzung. Unsere Nutzer sind noch nicht so geübt darin, dieses Medium zu nutzen, so wie sie früher Brieffreundschaften gepflegt haben. Wir möchten vermitteln: Wer ein digitales Medium nutzt, findet trotzdem Resonanz. Das ist anders als beim Durchblättern einer Zeitung: Hier hat jeder die Möglichkeit, in Austausch zu gehen.

Eine Rubrik heißt »Begegnungen«: Wollen Sie auch Ehen stiften?

Wenn es sich ergibt, warum nicht? Wir sehen die Rubrik aber offener, es geht darum, Freunde und Bekannte zu finden. Wir wollen beweisen: Ihr könnt tolle Kontakte haben, auch wenn einer von euch in Hamburg lebt und der andere in München!

Einmal im Jahr wechseln Sie trotzdem ins wirkliche Leben, rufen in Düsseldorf zu einem »Flashmob« auf, also einem Auflauf von Menschen, die zu lauter Musik singen und tanzen. Warum?

Das ist für mich eine Investition in glückliche Gesichter. Wir stehen da und haben Tränen in den Augen, weil wir so gerührt sind. Wir erleben dabei auch, wie stark das Bedürfnis nach außergewöhnlichen Veranstaltungen ist, die verbinden und Spaß machen. Wer weiß: Vielleicht entsteht aus dem Flashmob eine Eventreihe für die Generation 59 plus?

Ihr Onlineportal gibt es seit 2015 und wird regelmäßig ausgewertet. Welches Ergebnis hat Sie am meisten überrascht?

Dass die Zielgruppe 65 plus überhaupt nicht analysiert ist! Und die übliche Richtlinie fürs Internet – sei aktuell, wechsele die Inhalte möglichst schnell aus – gilt für uns überhaupt nicht. Unsere Zielgruppe ist deutlich langsamer als angenommen. Die sind froh, dass sie endlich entschleunigen können, und dankbar, wenn Artikel länger auf der ersten Seite stehen. Manchmal wird ein Beitrag erst nach zwei, drei Monaten richtig wahrgenommen.

Hatten Sie eigentlich einen persönlichen Auslöser für die Gründung Ihres Portals?

In meinem Hauptjob als Finanzdienstleisterin berate ich auch zum Thema Altersvorsorge und erlebe, wie viele davon träumen, sich mit 65 zur Ruhe zu setzen. Ich nicht! Dass ich nicht mehr arbeiten werde, ist für mich unvorstellbar. Ich liebe meine Arbeit, brauche sie wie die Luft zum Atmen. Mit der Plattform 59 plus habe ich das erste Mal die Möglichkeit bekommen, kreativ zu arbeiten. Die schönste Vorstellung ist, dass ich mir hier ein Wirkungsfeld schaffe, in dem ich alt werden darf.

www.59plus.de

Silke Wiederhold

Gelernt hat Silke Wiederhold (58) den Beruf der Floristin. Ein gutes Händchen beweist sie aber auch als Geschäftsführerin des in Hamburg erscheinenden Seniorenmagazins »Sema«. Der bunte Themenmix, der gesunde Rezepte genauso aufgreift wie die Diskussion um Haschisch auf Rezept, blüht und gedeiht. Die Auflage stieg von anfangs 15.000 Exemplaren auf rund 50000. In keinem der kostenlos verteilten Hefte fehlt der Hinweis auf den Onlineauftritt. Klicken Sie mal rein!

Frau Wiederhold, seit 2013 erscheint Ihre Zeitschrift »Seniorenmagazin« auch online – wie machen Sie das bekannt?

Wir weisen in jeder Druckausgabe auf den Onlineauftritt hin. Wenn wir auf Messen sind, zeigen wir die Onlineausgabe auf dem Tablet. Wir sind übrigens das einzige Seniorenmagazin Deutschlands, das auch als App heruntergeladen werden kann!

Die Hemmschwelle zur digitalen Welt ist für viele Ältere hoch – was kann man tun, um den Einstieg zu erleichtern?

Meines Erachtens ist hier besonders die Wirtschaft gefragt, Einstiegshilfen anzubieten.

Gerade Firmen, die ihren Geschäftsbetrieb in den Onlinebereich verlagert haben. Beispiel Banken und Sparkassen: Hier ist man ohne Onlinekenntnisse und Onlinezugang schon abgehängt.

Was kann die Politik tun? Haben Sie Vorschläge?

Die Politik sollte Schulungen anstoßen oder fördern: Vor allem Ehrenamtler, die in die digitale Welt einweisen, brauchen hier Unterstützung!

Das Alter hat kein gutes Image, steht für Rückzug und gesundheitliche Einschränkungen. Was können Sie mit Ihrem Magazin tun, um dieses Bild zu ändern?

Genau diese deprimierende Darstellung war für meinen Mann und mich der Auslöser, vor sieben Jahren unser Magazin zu gründen! Wir wollten ein Medium schaffen, das aufzeigt, was jeder im Rahmen seiner Möglichkeiten noch unternehmen kann. Getreu dem Motto auf unserer Homepage: »Wir wollen den Jahren mehr Leben geben!«

Wie jedes journalistische Produkt braucht Ihr Magazin Werbung, um sich zu finanzieren. Ihre Erfahrung mit der werbetreibenden Wirtschaft? Gibt es Vorurteile?

Leider ja. Der Begriff »Senior« wird vielfach mit »alt und gebrechlich, leben alle im Altersheim und sind wirtschaftlich uninteressant« gleichgesetzt. Eine Automobilfirma meinte sogar: »Wir wollen hier doch keine Rollstühle verkaufen!«

Wie sehen Sie das?

Das ist in dieser Pauschalisierung natürlich völlig falsch. Heutige Senioren sind viel agiler als noch vor 40 Jahren. Sie reisen, kaufen Neuwagen, benötigen Handwerker, sind insofern für viele Branchen eine interessante Zielgruppe. Das müssten nur die jungen Leute in den Marketingabteilungen auch endlich erkennen.

www.senioren-magazin-hamburg.de

Christine Worch

Die Stiftung Generationen-Zusammenhalt will mit ihrem Projekt Generationen ins Gespräch bringen und alten Menschen mit kleiner Rente einen kostenlosen Kulturbesuch ermöglichen. Gründerin Christine Worch (62) ist auf Facebook, Twitter und Instagram aktiv. Neuerdings plant die Expertin für Fundraising Workshops für Jung und Alt, um besonders ältere Teilnehmer darin zu schulen, auch vor der Kamera über ihre Erfahrungen zu sprechen.

Frau Worch, Ihre Idee klingt bestechend: Ein Oberstufenschüler verabredet sich mit einem alten Menschen zu Opern-, Konzert- oder Theaterbesuch, beide genießen einen Abend und kommen miteinander ins Gespräch. Wie finden Sie die jungen Leute, und wie überzeugen Sie sie von Ihrer Idee?

Wir gehen da strategisch vor, sprechen Schulen an in Stadtteilen, in denen Altersarmut ein Thema ist, etwa Bergedorf und Lohbrügge. Dann gehen wir in die zehnten Klassen und präsentieren das Projekt.

Womit können Sie überzeugen?

Wer mitmacht, durchläuft mehrere Workshops, wird etwa darin eingewiesen, wie man einen Teilnehmer im Rollstuhl gut betreut. Nach einem Jahr und mindestens drei Einsätzen gibt es ein Ehrenamts-Zertifikat – das ist hoch begehrt, die Verleihung wird immer ganz groß in den Hamburger Mozartsälen gefeiert!

Und wie finden Sie die älteren Teilnehmer?

Etwa 50 bis 70 Mal im Jahr gehen wir in Seniorentreffs, Kirchenkreise, Nachbarschaftstreffs und erläutern unser Angebot.

Sie müssen Ihr Projekt tatsächlich bewerben?

Ja. Scham verhindert oft, dass sich ältere Menschen mit wenig Geld anmelden. Einmal dabei, sind sie dann aber sehr treue Fans unserer Initiative. Im Moment haben wir 149 alte Menschen im Projekt.

Wie oft dürfen Ältere mitmachen?

Solange sie wollen. Es ist uns noch nie jemand aus Unzufriedenheit abgesprungen. Nach jedem Ausflug rufen wir an und fragen, ob alles gut geklappt hat. Die Schüler geben ihre Einschätzung per WhatsApp oder E-Mail.

Sie sind seit 2015 aktiv, seit Juli 2016 online, haben bisher 451 Tandems in die Hamburger Kulturszene geschickt. Die vorläufige Bilanz?

Der eigentliche Anlass, nämlich Kultur zu genießen, tritt bei den Älteren in den Hintergrund. Die alten Menschen freuen sich vor allem über den Kontakt mit Jüngeren, das gibt ihnen das Gefühl, dazuzugehören. Typische Rückmeldung eines älteren Teilnehmers: »Mitgemacht habe ich erst mal wegen der Kultur, aber mittlerweile ist der Austausch und Kontakt mit Jugendlichen fast wichtiger für mich.« Die Jungen wiederum gewinnen Respekt vor der Lebensleistung alter Menschen. Viele haben ja oft gar keinen Kontakt zu Alten, weil die Großeltern weit weg wohnen, vielleicht auch schon gestorben sind. Die Jungen wissen auch gar nicht, wie schnell jemand ohne eigenes Verschulden in die Grundsicherung abrutschen kann.

Ihr neuester Plan ist es, Ihre alten Teilnehmer medienfit zu machen. Warum das?

Wir wollen dazu ermutigen, ohne Scheu vor Kameras zu gehen und unser Projekt damit noch bekannter zu machen. Eine alte Dame wirkte etwa in der ARD-Themenwoche »Gerechtigkeit« mit. Morgens wurde sie mit der Kamera begleitet, als sie sich kostenlose Lebensmittel bei der »Tafel« abholte, abends ging sie mit den Kulturisten ins Theater.

Wie nutzen Sie die digitalen Möglichkeiten?

Die Schüler einer Schule sind in einer WhatsApp-Gruppe zusammengefasst. Sobald ein alter Mensch eine Begleitung sucht, postet unsere Vemittlerin das Begleitangebot und fragt, wer Lust und Zeit hätte, die Begleitung zu übernehmen. Der oder die erste, der sich meldet, erhält dann die Kontaktdaten des alten Menschen und verabredet sich individuell.

Und wer zahlt die Karten?

Die erhalten wir über den Verein »Kulturleben Hamburg«, der gespendete Karten über ein Netzwerk von 200 Kulturveranstaltern bereitstellt. Aus unseren Spendengeldern übernehmen wir die Kosten für ein Pausengetränk, zu dem der Schüler seinen Tandempartner einlädt.

www.kulturisten-hoch2.de

Sie haben immer noch Ihre Zweifel, ob die digitale Welt das richtige Leben ersetzen kann?
Natürlich nicht, und das soll sie auch nicht. Nichts ersetzt das Gespräch mit der Nachbarin, nichts ist beglückender, als ein Enkelchen auf dem Schoß zu halten. Aber wenn die Nachbarin schon länger im Krankenhaus liegt und die Enkel weit weg wohnen? Dann kann das Internet Türen zur Welt öffnen, mit Angeboten für das richtige Leben, wo Sie unter Leute kommen und Spaß haben. Zum Beispiel am Weltseniorentag, der überall in Deutschland am 1. Oktober gefeiert wird. In Hamburg seit einigen Jahren mit einem Senioren-Flashmob, das heißt, mit einem scheinbar zufälligen Auflauf von Menschen, initiiert von Dagmar Hirche. Sie wohnen nicht in Hamburg? Kein Problem: Klicken Sie Google an und geben Sie das Stichwort »Weltseniorentag« und den Namen Ihrer Stadt ein. Und staunen Sie, was in den vergangenen Jahren so in Hamburg los war …

Hier gibt's was auf die Ohren!

Am Weltseniorentag feiert die »Senioren-Silent-Disco« in Hamburg Premiere

Elf Uhr morgens, Nieselregen. Vor dem »Knust« im Hamburger Schanzenviertel nur vereinzelte Passanten. Aber dann: Wie auf ein Zauberwort strömen aus allen Ecken Menschen zusammen und beginnen zu tanzen. Gut möglich, dass sie vor Kurzem noch gar nicht wussten, was ein Flashmob ist, nun sind sie mitten drin in diesem scheinbar zufälligen Menschenauflauf, der zeigt: Wenn alle sich zusammentun, entsteht etwas Einmaliges. Und wenn Dagmar Hirche zum Weltseniorentag am 1. Oktober nun schon zum fünften Mal zum Flashmob aufruft, zum zweiten Mal vor dem »Knust«, dann heißt das: Hallo, uns gibt's! Wir aus der Generation 60 plus, die andere um diese Uhrzeit zu Hause vermuten würden, vielleicht noch im Supermarkt oder höchstens im Wartezimmer des Arztes – wir gehen raus und probieren Neues aus. Heute bilden wir eben einen Flashmob (Flash gleich Blitz), mal sehen, was sonst noch auf uns wartet. »Spark of Life«, Lebensfunken, wird gespielt, Dagmar Hirche steht auf einer Bank und rudert aufmunternd mit den Armen. Die Türen zum »Knust« stehen nun weit offen. Eigentlich ist es nicht die Zeit, um in die Disco zu gehen. Aber was heißt schon eigentlich?

»Heute reden wir nicht über Zipperlein, heute wird gefeiert«, ruft Hirche, und dieses Motto ist fortan Programm.

KNUST

Wir
kommen
ELZE
NETZWERK
ZUKUNFT

Drinnen im Club ist es dunkel. Sonst öffnet der Musikclub spätabends, und die Bands spielen so laut, dass die Wände wackeln. Heute wird alles ganz anders sein. Heute gibt es ein Glas Sekt schon am Vormittag, heute wird auf der Bühne zunächst die Preisträgerin des Wettbewerbs »Mensch 60 plus« der Zeitschrift »Brigitte Wir« gefeiert.

Wer sagt denn, dass Jungunternehmer immer jung sein müssen? Preisträgerin Monika Kohut (67), eine elegante Geschäftsfrau aus München, bringt auf ihrem Onlineportal nach einem ausgeklügelten Matching-System Bewerber für Alters-WGs zusammen. Der Trend der Zukunft, da ist sie sich sicher, außerdem eine Lebensform mit doppeltem Nutzen: »Wohngemeinschaften schaffen Nähe und sparen gleichzeitig Geld, denn in den Großstädten sind die Mieten oft unerschwinglich.« Applaus, Applaus! Rosalore, die Clownin mit den blauen Augen und dem rosa Tüllrock, saust wie ein Propeller durch die Räume und lädt Besucher zum Speeddating ein. Vier Tische sind vorbereitet, jeder soll kurz mit seinem Gegenüber sprechen und dann weiterziehen. Skeptischer Einwand: Was, wenn zu wenig Männer da sind? Wer wird das denn so eng sehen! Rosalore macht runde Augen. Es geht darum, Menschen zu treffen. Nette Menschen! Und von Clowns kann man sich abgucken, erst mal nur zu staunen. Rainer Gerckens (82) probiert schon mal eine rote Clownsnase aus, seine Frau Ingrid (77) überprüft den Sitz. Eigentlich trägt sie ein schweres Schicksal mit ihrem Mann, der seit Langem an Demenz leidet. Soll sie deshalb ihre Lebensfreude an der Garderobe abgeben? »Sei so lieb und komm da mit hin«, hatte sie ihn gebeten, als es zunächst zum Chorsingen ging oder jetzt eben zum Weltseniorentag. Ihr Wunsch wurde erhört. Mehr noch: »Das war, als würde ein Schalter umgelegt.«

Spark of Life, der Lebensfunke, da war er wieder! In der Tanzschule Bartels an der Mundsburg haben sie einander einst kennengelernt, nun halten sie einander an der Hand und erobern Schritt für Schritt neue Räume. »Ich habe festgestellt, wenn ich ihn aus seinem Schlummer heraushole, wird er lebendiger«, sagt Gerckens. Der Funke trifft auch mitten hinein in das eheliche Schweigen, das ihr so zu schaffen macht. »Das ist das Schlimmste, seit er nicht mehr sprechen kann. Ich kriege nichts mehr zurück.« An diesem Morgen ist alles ganz anders, da schwebt sie in einer warmen Wolke aus Begegnung, Gesprächen und Impulsen. Die Krankheit ist da, aber sie ist nicht alles.

Und schon wartet die nächste Mutprobe: »Silent-Disco«! Wie soll das gehen, Disco und still? Ein freies Sofa am Rande der Tanzfläche fällt auf, altmodisch gediegen wie einst bei Loriot. »Wer ist heute der älteste Teilnehmer unter uns?«, fragt Dagmar Hirche auf der Bühne und blickt sich suchend um. Ganz hinten hebt sich eine Hand. Greta K. ist schon 95 Jahre alt. Hirche weist einladend zum Sofa: »Für Sie ist der Ehrenplatz reserviert.« Och, zu viel der Ehre, Greta K. lächelt scheu und bleibt lieber auf der Ablage ihres Rollators sitzen.

Nun geht's aber los mit der Disco, mitten am Tag. Erst werden Kopfhörer vergeben, dann die Funktionen erklärt. Und prompt gibt es kein Halten mehr: Kaum hat DJ Rita alias Mitra Kassai das Discjockey-Pult geentert und die ersten CDs eingelegt, beginnt das Meer auf der Tanzfläche zu wogen. Blaue Flämmchen an den Kopfhörern leuchten wie Glühwürmchen, wer sich vorsichtig durch die Tanzenden schlängelt, hört beherzte, manchmal auch schiefe Sologesänge: »Er gehört zu mir!« Oder: »I can't get no Satisfaction« von den Rolling Stones.

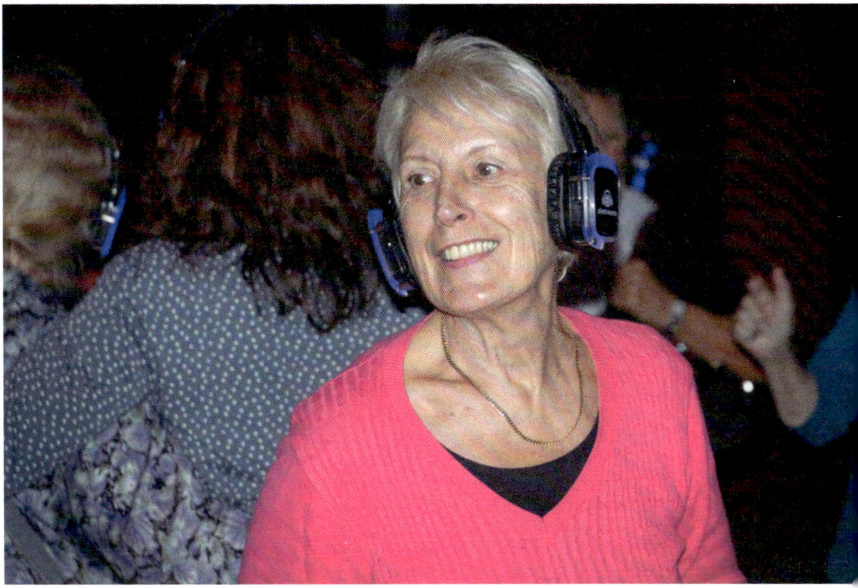

Wer sagt denn, dass die Generation 60 plus am liebsten zu Operettenklängen im Schaukelstuhl wippt? Monika B. (67) zuckt mit Armen und Beinen und röhrt: »Riders in the storm!« Immer schon hat sie gern getanzt, seit sie die 60 hinter sich gelassen hat, eben bei Veranstaltungen wie »Faltenrock« oder auf Straßenfesten. Nur gut, dass ihre Generation sich längst aus dem Korsett des artigen Paartanzes gelöst hat und auch allein über die Tanzfläche rockt: »Man muss sich eben neu orientieren!« Eben: Eine Silent-Disco funktioniert auch am helllichten Tag, stört keine Nachbarn und macht Gespräche jederzeit möglich – dann werden die Kopfhörer eben abgesetzt.

Elegant wie Profis gleiten Elke Stapelfeldt (78) und Uwe Jürs (82) übers Parkett. Ein Paar, das seine Partnerschaft so frei definiert, als seien Konventionen nur etwas für andere.

Wie war das mit dem Kennenlernen? Auf der Reeperbahn. Sie führte eine Touristengruppe durch den Rotlichtbezirk und sollte beim Karaoke singen. Er saß gerade in der Nähe und sang mit. Später dann eine spontane Tour nach Barcelona: »Wir haben uns ein Zweimannzelt gekauft und sind einfach losgefahren.« Kürzlich ist Uwe Jürs in eine Anlage für betreutes Wohnen gezogen, denn wenn einer von beiden mal pflegebedürftig wird, wollen sie einander nicht zur Last fallen. Elke wohnt weiterhin in ihrem großen Haus mit den vielen Zimmern, die sie lange Jahre – »Ich hatte ja kein Geld!« – an Studenten vermietete. Eine höchst glückliche Investition, denn die Untermieter, deren Examensarbeiten sie manchmal noch gegenliest, halten bis heute den Kontakt zu ihrer Vermieterin. »800 Mails habe ich in meinem Computer gespeichert.« Ihren 75. Geburtstag feierte sie vor drei Jahren mit 130 Leuten auf lässige Art im Garten: »Jeder sollte mitbringen, was er gern essen wollte.« Uwe singt derweil im Chor, die Chorleiterin überspielt ihm Filme von den Auftritten aufs Handy. Manchmal, wenn die Liebe recht innig wird, kontrollieren beide ihre Blutdruck-App. Alles in Ordnung. Der Lebensfunke springt.

»Jump!«, tönt es jetzt in den Ohren, DJ Rita hüpft hinter ihrem Pult auf und ab. Mitten auf der Tanzfläche eine große Frau mit grauen Haaren, die sich vorsichtig in den Hüften wiegt. Greta, die Älteste heute. Auf dem Ehrensofa sitzen längst die Jüngeren, Gretas Rollator steht verwaist an der Wand.

Hier finden Sie Statements von Menschen,
die bundesweit in Stiftungen oder Projekten mit Schwerpunkt digitaler Bildung arbeiten,
die Start-ups gegründet haben wie das Nachbarschaftsnetzwerk »nebenan.de« oder die sich ehrenamtlich für alte Menschen engagieren.
Wir haben ihnen Fragen zum Thema »Alter und Digitalisierung« gestellt. Vor allem wollten wir wissen, wie ihre Erfahrungen bei der Schulung dieser Generation ausfallen. So viel vorweg:
Die Antworten fallen allesamt positiv aus! Hier also ein Einblick in die vielen Initiativen, die es im Lande gibt und von denen Sie sich als Leser Anregungen oder auch praktische Hilfe holen können.
Unter den meisten Statements steht ein Online-Link – klicken Sie doch mal drauf!

DOROTHEE BÄR

Staatsministerin für Digitalisierung, MdB

Digitalisierung bedeutet Selbständigkeit und Zusammenhalt zugleich

»Bei der Digitalisierung haben wir es mit einer Entwicklung zu tun, die gerade auch für ältere Menschen voller Chancen und Möglichkeiten steckt.

Durch digitale Assistenzsysteme etwa wird ein großes Maß an Selbstständigkeit bis ins hohe Alter garantiert – so ist zum Beispiel ein längerer Verbleib in den eigenen vier Wänden möglich. Durch die Analyse von Gesundheitsdaten und die direkte Kommunikation mit dem Arzt oder der Ärztin werden Praxisbesuche reduziert und man kommt an Expertenwissen, das zuvor nur schwer zugänglich war.

Durch autonome Mobilitätslösungen bleibt der ältere Mensch flexibel, auch wenn er selbst nicht mehr aktiv hinter dem Lenkrad sitzen kann.

Und durch digitale Teilhabe behält jeder die Möglichkeit, am Leben in der Gesellschaft teilzunehmen. Der Austausch mit den Liebsten wird genauso zu einem Kinderspiel wie der zu Gleichgesinnten und Altersgenossen.

Durch ein digitales Kulturangebot – etwa unserer Museen, Bühnen und Galerien – erweitert sich das Erleben von Kunst und Kultur in nie gekannte Dimensionen!

Die Digitalisierung ist eine unglaublich große Chance für eine völlig neue Qualität des Lebens in höherem Alter. Sie ist zudem eine große Unterstützung im Austausch der Generationen – die vielleicht wichtigste Voraussetzung für eine lebenswerte Gesellschaft, in der niemand zurückbleibt.«

https://dorothee-baer.de

NINA FLECK

Leiterin des Digitalen Lernzentrums von Facebook in Berlin

»Ich habe noch nie so viel Sekt bei der Arbeit getrunken wie zusammen mit Dagmar Hirche und dem Verein ›Wege aus der Einsamkeit!‹ Den Sekt gibt es immer anlässlich unserer vierteljährlichen Versilberer-Partys, die sich Themen wie Smart Home Devices, Fitness-Apps und digitalen Hör- und Sehhilfen widmen.

Aber fangen wir von vorne an: Ich lernte die Arbeit von ›Wege aus der Einsamkeit‹ gleich zu Anfang meiner Tätigkeit im Digitalen Lernzentrum von Facebook in Berlin kennen. Das Lernzentrum ist ein Ort, der Vereinen und anderen gesellschaftlichen Organisationen offensteht, um Menschen unabhängig von Alter und Herkunft digitale Bildung zu vermitteln. Dort kam mir an einem Mittwochmorgen eine gut gelaunte resolute Hamburgerin im Flur entgegen und meinte: ›Ich bin die Dagmar, wir unterrichten hier Menschen 65 plus, damit sie auch an der Digitalisierung teilhaben können.‹ Damals dachte ich noch, ach, das ist ja nett, und ahnte nicht, was da auf mich zukommen würde.

Regelmäßig finden mittwochs im Digitalen Lernzentrum Anfänger- und Fortgeschrittenenkurse zum Thema Tablet und Smartphone für Senior/innen statt. Auch ich wurde mit ins Boot geholt und musste Fragen wie: ›Nina, wie ist denn das noch mal bei Facebook?‹ oder ›Was ist denn eigentlich deine Lieblings-App?‹, beantworten. Niemand konnte sich drücken, und so wurde auch ich in die Berliner Familie von ›Wege aus der Einsamkeit‹ aufgenommen und fungiere inzwischen selbst als Expertin für Geräte von Apple.

Besonders lustig wird es, wenn Besucher in den modernen Räumen des Digitalen Lernzentrums vorbeikommen. Wir verwirren sie gerne mit unseren grau- und weißhaarigen Teilnehmern, die beweisen, dass Digitalisierung kein Alter kennt. Die älteren Teilnehmer fühlten sich sichtlich wohl an ihren Smartphones und Tablets und verbreiteten diese Botschaft auf ganz natürliche Weise. Darauf bin ich besonders stolz, denn meiner Meinung nach ist es egal, ob man acht oder achtzig ist, um Neues zu entdecken und Spaß daran zu haben. Was zählt ist, dabei zu sein!

Ich freue mich sehr, dass ich den Verein und vor allem Dagmar Hirche unterstützen darf. Ich hoffe, wir arbeiten auch in Zukunft an vielen spannenden, digitalen Projekten und bringen dabei Menschen zusammen. Darauf hoffentlich bald mal wieder einen kleinen Sekt!«

https://digitaleslernzentrum.fb.com/de/

CATERINA RÖMMER

Leiterin der Abteilung Bildung und Kultur bei der Körber-Stiftung, Haus im Park

»Die Digitalisierung hat innerhalb der letzten zehn Jahre unser Leben revolutioniert, ein Alltag ohne Smartphone ist heute kaum noch vorstellbar. Einer meiner Kindheitsträume, Freunde beim Telefonieren sehen zu können, ist längst Realität geworden! Und die Entwicklung wird weitergehen: Mit dem Verschwinden der Bankfiliale vor Ort oder dem Schließen des Lebensmittelladens um die Ecke wird der Einschnitt für Menschen ohne Zugang zur digitalen Welt immer schmerzlicher werden. Es ist also höchste Zeit, Ältere für die digitale Welt zu gewinnen. Ganz besonders ist hier die Politik gefragt: Der freie Zugang zum Internet ist entscheidend, um die Chancen der Digitalisierung breiten Bevölkerungsschichten zugänglich zu machen!

Leider kostet es alte Menschen enorme Überwindung, sich mit den technischen Entwicklungen auseinanderzusetzen. Oft höre ich Sätze wie ›Das brauche ich doch nicht mehr‹ oder ›Das versteht man ja auch nicht mehr‹. Hier braucht es Aufklärungs- und Überzeugungsarbeit. Gefragt ist ein spielerischer, niedrigschwelliger Zugang. Neben passenden Lernangeboten braucht es Anlaufstellen, an denen technische Geräte ausprobiert werden können. Wichtig sind auch Ansprechpartner, die speziell auf die Bedürfnisse Ältere eingehen, unmittelbar helfen und unabhängig beraten. Insgesamt ist es sinnvoll, Ältere und ihre Bedürfnisse stärker in den Blick zu nehmen.

Denn Angebote, die es Älteren und Alten leichter machen, die Chancen der Digitalisierung zu nutzen, kommen auch allen anderen zugute, die Hilfe beim Verstehen der digitalen Welt benötigen – im Sinne einer inklusiven Gesellschaft also ein wichtiger und notwendiger Schritt!«

www.koerber-stiftung.de/haus-im-park

ROSWITHA UHDE

Mentorin, Online-Coach und Bloggerin

Roswitha Uhde unterstützt Dagmar Hirche bei den Schulungen im Digitalen Lernzentrum in Berlin

»Es ist mir immer wieder eine Freude zu sehen, wie sich Teilnehmer der Versilberer-Runden entwickeln, ihre anfänglichen Hemmungen überwinden und über sich selbst hinauswachsen. Es ist einfach wunderbar, wenn sie mit Stolz und Freude berichten, dass sie ihrem Enkel ihr selbst geknipstes Foto per WhatsApp geschickt haben und nun überglücklich sind.

Inzwischen sind innerhalb der Versilberer-Runden Freundschaften entstanden, es werden Verabredungen getroffen, man hilft sich untereinander.

Das gibt mir ein sehr schönes Gefühl, einen kleinen Beitrag dazu leisten zu können.

Ich finde es sehr wichtig, die Menschen jenseits der 65 mitzunehmen in die digitale Welt, damit sie mit ihrer Familie und mit Freunden verbunden bleiben und neue Freunde finden.

Es ist so wichtig, dass auch die älteren Menschen Teil der Gesellschaft sind und nicht zurückgelassen werden!

Ich selbst arbeite schon mehr als 30 Jahre mit dem Computer und bin seit über 20 Jahren im Internet unterwegs. Im Alter von 63 habe ich mich 2012 selbstständig gemacht, um die Junggebliebenen, wie ich sie gern nenne, im Umgang mit dem Computer und dem Internet zu schulen.

Seit Mitte 2017 unterstütze ich Dagmar Hirche im Digitalen Lernzentrum Berlin von Facebook beim »1x1 der Smartphones und Tablets« und bei den Versilberer-Runden.

Darüber hinaus zeige ich meinen Kunden, dass die digitale Welt jedem unabhängig vom Alter die Möglichkeit bietet, sich einzubringen.

Gerade die älteren Menschen haben so viel Lebenserfahrung, die sie über die digitalen Medien an andere Menschen weitergeben können.

Ich bin gerade 70 geworden und möchte durch meine Arbeit noch viele ältere Menschen ermutigen, ihr Leben selbst zu bestimmen und die Welt für sich zu einem schöneren Ort zu machen.«

www.roswithauhde.de

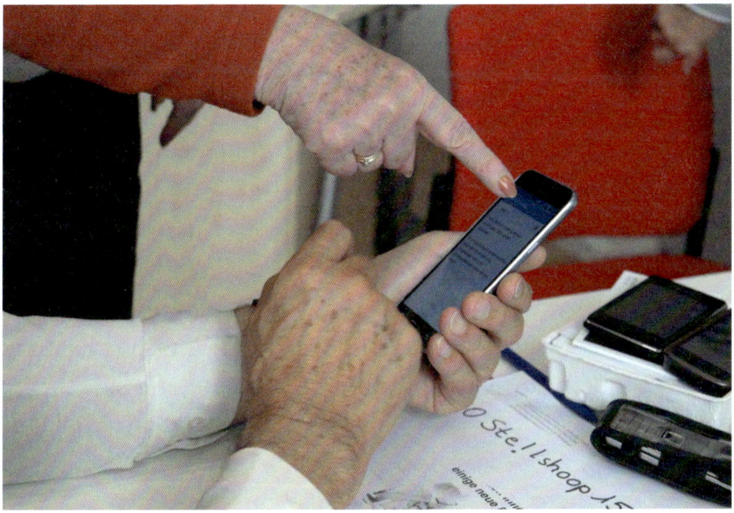

CHRISTINE RISSMANN Leiterin der Medienboten bei den Hamburger Bücherhallen

»Lebenslanges Lernen und damit auch digitale Bildung ist für die Bücherhallen ein Hauptanliegen! Senioren können mithilfe der digitalen Welt ihre Kontakte pflegen und mit Verwandten in Verbindung bleiben, auch wenn diese im Ausland wohnen. Der Nutzen der digitalen Welt ist dabei verhältnismäßig günstig – in den Hamburger Bücherhallen ist WLAN sogar kostenfrei. Über die Bücherhalle können diverse Angebote wie E-Books, Zeitungen, Musik, Filme einfach und digital genutzt werden. Die Medienboten bieten zum Thema ›Alter und Digitalisierung‹ in mittlerweile acht Bücherhallen das Projekt ›Silber& Smart‹ an: Es gibt eine dreistündige Schulung für Einsteiger sowie unser Format für Fortgeschrittene, den 90-minütigen ›Tablet-Treff‹. Die Schulungen sind kostenlos und werden jeweils von drei bis vier Ehrenamtlichen intensiv betreut. In der Zentralbibliothek am Hühnerposten wird seit 2018 mit vielen Beispielen und Fragemöglichkeiten über »Sicherheit im Netz« informiert und ›Wie plane ich eine Reise‹. In diesem Jahr bieten wir auch Einführungen in Gesundheits-Apps an. Außerdem laden unsere Ehrenamtlichen in geeigneten Bücherhallen zu Sonderschulungen für Senioreneinrichtungen, Genossenschaften und betreutes Wohnen ein. 2018 hatten wir 804 Teilnehmer in 101 Veranstaltungen. Die meisten unser Teilnehmer sind jenseits der 70. Am gefragtesten sind übrigens Einführungen in E-Mails und WhatsApp sowie das Teilen von Fotos und die Spracheingabe.«

www.buecherhallen.de/medienboten.html

TOMISLAV PERISIC
Seniortrainer

»Der Ruhestand naht, und die freie Zeit soll sinnvoll gestaltet werden? Seniortrainer führen durch den Dschungel der ehrenamtlichen Tätigkeiten, gehen auch in Unternehmen, um Arbeitnehmer noch an ihrem Arbeitsplatz auf den Übergang in die Rente vorzubereiten. Die Seniortrainer waren frühzeitig Mitveranstalter der große Freiwilligen-Börse ›Aktivoli‹ die jedes Jahr in der Handelskammer Hamburg stattfindet.

Da ich seit einigen Jahren im Ehrenamt viel mit Menschen 55 plus zusammen bin, steht für mich die Möglichkeit der Teilhabe durch digitale Infrastruktur im Vordergrund. Wir müssen gerade Älteren zu mehr Medienkompetenz verhelfen, solange sie noch mobil sind. Je mehr jeder über die Möglichkeiten der Digitalisierung erfährt, desto mehr kann man sich auch im Alter selbstbestimmt und kritisch damit auseinandersetzen und passende Angebote nutzen. Das reicht von der smarten Home-Steuerung bis hin zu ehrenamtlichem Engagement oder der Verbindung zu den weiter entfernt lebenden Freunde und Verwandten.

Mit ihrer Erfahrung können gerade ältere Menschen sehr viel zur Diskussion über Medienkompetenz beitragen. Unsere Gesellschaft braucht den Dialog über Generationen hinweg. Dies ist ein wichtiges Signal an die Politik, hier nicht nur einseitig auf die Jugend zu blicken! Ein gemeinschaftliches Zusammenleben braucht auch in der digitalen Welt alle Menschen – unabhängig von ihrem Alter.

In unserer Organisation suchen wir nach dem richtigen Weg, unsere Arbeit stärker zu digitalisieren, ohne dabei unsere älteren

Kollegen zu verlieren. Was wir dabei lernen, können wir dann auch anderen Organisationen anbieten. Wir sehen bereits zwei Trends, bei denen uns die Digitalisierung hilft, Menschen weiter in unser Engagement einzubinden. Kurz nach dem Ruhestand sind einige KollegInnen noch sehr mobil und können von überall aus an Diskussionen teilnehmen und sich einbringen. Noch viel wertvoller wird diese Möglichkeit, wenn mit höherem Alter die Mobilität nachlässt und man trotzdem weiterhin einen Beitrag zum Engagement leisten kann. Die Möglichkeiten sind so vielfältig und noch lange nicht zu Ende gedacht.

Ein bisschen versuche ich, durch Diskussionen und Fortbildungen dazu beizutragen, diese Idee unter die Leute zu bringen.«

www.seniortrainer-hamburg.de
www.engagementlotsen.hamburg

JULIA ECKHOFF
Leiterin der Digital-Werkstatt in Berlin

»Bei uns lernen Kinder im Alter zwischen sechs und zwölf Jahren programmieren, sie bauen Roboter, experimentieren mit 3-D-Druck, gestalten eigene Filme und Hörspiele und vieles mehr!

Mit dem Digitalen Lernzentrum in Berlin haben wir einen Partner gefunden, der uns ermöglicht, noch mehr Kinder mit unseren Kursen und Workshops zu erreichen. Hier haben wir auch zusammen mit Dagmar Hirche und ihrem Verein ein Herzensprojekt entwickelt: generationenübergreifende Workshops, in denen Großeltern und ihre Enkel gemeinsam die digitale Welt erforschen! Seit 2017 laden wir Alt und Jung an Wochenenden und in den Ferien zu diesen Workshops ins Digitale Lernzentrum ein. Begleitet von erfahrenen Trainern drehen Kinder hier zusammen mit Oma und Opa eigene Filme oder bauen und programmieren Roboter – ein Angebot, das von den Familien begeistert aufgenommen wird.

In unseren Großeltern-Enkel-Workshops herrscht eine besondere Atmosphäre: Kinder möchten ihren Großeltern gerne zeigen, was sie schon alles können, und diese wiederum sind sehr stolz auf ihre Enkel. Ein besonderer Zauber liegt darin, dass beide Generationen ein Team bilden und ihre unterschiedlichen Stärken einbringen. Anders als wir Erwachsene haben Kinder nämlich keine Angst davor, Fehler zu machen. Neuen Technologien begegnen sie offen und intuitiv, probieren einfach alles aus. Ältere Menschen wiederum verfügen über ein reiches Wissen und bringen viel Erfahrung mit. Sie wissen zum Beispiel, wie man eine gute Geschichte erzählt, wie man ein Werkzeug richtig bedient und wann Zeit für eine Pause ist. Ich finde es immer wunderbar zu erleben, wie die Generationen voneinander lernen und profitieren. Darin liegt für mich eine tiefere Wahrheit: Wenn wir unsere Zukunft sinnvoll gestalten wollen, geht das nur gemeinsam – mit Alt und Jung Hand in Hand!«

www.digitalwerkstatt.de

HELGA KITTL
Schulungsleiterin

Helga Kittl unterstützt Dagmar Hirche bei ihren »Versilberer-Runden« in Hamburg. Die Schulungsleiterin unterweist Schüler jenseits der 65 jeweils montags im Alstertower an der Lübecker Straße im Gebrauch von Tablet und Smartphone.

»Meine Erfahrungen mit den älteren Teilnehmer sind durchweg positiv: Zu Beginn besteht eine gewisse Scheu, sie könnten versehentlich beim Tippen aufs Display etwas Unwichtiges kaufen oder etwas Wichtiges löschen. Andererseits sind sie sehr wissbegierig und haben viele, teils ins Detail gehende Fragen. Ich habe den Eindruck, dass erst nach wiederholten Besuchen ein Lerneffekt eintritt – aber glücklicherweise ist es ja möglich, dass sie mehrmals kommen. Am schönsten sind natürlich die Erfolgsmomente, wenn jemand ein besseres Gefühl dafür bekommt, wie Smartphone, Computer und Internet zum eigenen Vorteil oder auch nur zum Spaß genutzt werden können.

Ich selbst habe seit 23 Jahren einen PC. Seit zehn Jahren nutze ich Smartphones und Tablets. Eigentlich habe ich immer ein Gadget zur Hand und nutze Wikipedia viel, um zu recherchieren. Sehr regelmäßig höre ich 14 Podcasts von Zeitgeschehen über Feminismus und Technik bis zu Wissenschaft – dafür spende ich teilweise auch freiwillig Geld. In Ausnahmefällen korrigiere ich etwas bei Wikipedia, allerdings ausschließlich Rechtschreib- oder Grammatikfehler. Wenn ich mal nicht mehr so mobil bin, könnte ich mir auch vorstellen, noch intensiver bei Wikipedia teilzunehmen. Im täglichen Leben nutze ich diverse Apps, die mein Leben begleiten.

Mir ist es wichtig, den Teilnehmern zu vermitteln, welche Unterstützung die digitale Welt uns bieten kann. Die Digitalisierung wird nämlich fortschreiten, und Internetkompetenz ist zunehmend wichtig, um weiterhin am Leben teilzuhaben.«

MOAAYAD OUDA

Schulungen und »Versilberer-Partys« in Berlin

Moaayad Ouda ist Geflüchteter aus Syrien.

»Bevor ich angefangen habe, Dagmar Hirche zu unterstützen, hatte ich keinerlei Erfahrung im Umgang mit älteren Menschen – mittlerweile kann ich gut mit ihnen umgehen. Man muss unbedingt Geduld haben! Umgekehrt gilt das sicher auch, denn mein Deutsch war anfangs noch nicht ausreichend, um gut erklären zu können.

Der aufregendste Moment während meines Einsatzes war eine Begegnung mit Sheryl Sandberg, der Co-Geschäftsführerin von Facebook, in Frankfurt.

Die digitale Welt ist für mich unverzichtbar, mit Smartphone und Tablet bin ich auch fern von meiner Heimat mit der ganzen Welt verbunden. Außerdem möchte ich Informatik studieren, insofern interessiere ich mich für alle Neuerungen auf diesem Gebiet.«

KIRSTEN ARTHECKER

Geschäftsführerin der gemeinnützigen Stiftung »Hamburgische Brücke«

Die Stiftung unterhält Beratungsstellen für ältere Menschen und ihre Angehörigen und leistet ambulante Pflege.

»Man ist nie zu alt, um die Angst vor der digitalen Welt zu verlieren! Denn was ist schon alt in einer Welt, in der die Menschen in den reichen Industrienationen eine sehr hohe Lebenserwartung haben? Auch zwischen 65- und 100-Jährigen liegen schon wieder mindestens zwei Generationen.

Die Politik sollte den Zugang zum Internet erleichtern und die lückenhafte Infrastruktur ausbauen. Wünschenswert wäre freies WLAN in allen öffentlichen Gebäuden.

In unseren Einrichtungen lassen wir gelegentlich durch Dagmar Hirche das Netz ›versilbern‹ und haben damit sehr gute Erfahrungen gemacht. ›Ist ja einfach!‹, sagte einer unserer Teilnehmer – es kommt eben auf die verständliche Ansprache an. Zum Thema ›Sicherheit im Netz‹ raten wir unseren Teilnehmern zu einer gesunden Skepsis: Trau nicht jedem Idioten! Egal, ob er real oder virtuell daherkommt. Benutze immer deinen klugen Menschenverstand und poste nicht jeden Unsinn, sei gerne zurückhaltend mit Fotos, Aussagen und Reaktionen.

Ob die digitale Welt Einsamkeit verhindert? Da wäre ich skeptisch. Entscheidend ist doch, dass das soziale Geschöpf Mensch mit anderen Menschen in Kontakt kommt. Die digitale Welt kann dies unterstützen, der direkte persönliche Kontakt darf dabei aber nicht verloren gehen. Ich selbst nutze die digitalen Netzwerke für Verabredungen oder kurze Kontakte zu Menschen, die ich nicht täglich sehe. So eine Art ›Fern-Small-Talk‹.«

www.hamburgische-bruecke.de

SIEGFRIED RAISIN
Wirtschaftsberater

Siegfried Raisin fand seine Aufgabe über die Stiftung »Gute Tat«. Seit Anfang 2018 unterstützt er ehrenamtlich die »Versilberer-Runden« in Berlin.

»Mich beeindruckt immer wieder der unersättliche Wissensdurst der Teilnehmer. Fragen über Fragen, keine Sekunde Langeweile und das Ganze mit viel Spaß. Die Zeit vergeht wie im Fluge! Häufig müssen Fragen unbeantwortet bleiben, deshalb dürfen alle wiederkommen, so oft sie wollen. Am schönsten sind die Überraschungsmomente: ›Jetzt habe ich das verstanden!‹ ›Das hat heute Spaß gemacht, ich habe viel gelernt!‹ oder: ›Ach so geht das, das ist ja ganz einfach!‹ So was motiviert mich sehr, ich fahre dann mit einem guten Gefühl nach Hause.

Digitale Teilhabe ist längst zur Voraussetzung für soziale Teilhabe geworden. Fehlt diese Teilhabe, droht die brutale Spaltung der Gesellschaft. Gerade die Älteren, die durch Arbeit und Kindererziehung zum Wohlstand unseres Landes beigetragen haben, laufen Gefahr, digital und damit sozial abgehängt zu werden. Das haben sie nicht verdient! Gleichzeitig liegt es an den Betroffenen selbst, das nicht zuzulassen. Hier unterstützen Vereine wie ›WadE‹ beim Abbau der Hemmschwelle, gleichzeitig müsste aber auch die Politik die Rahmenbedingungen verbessern.

Nach meiner Erfahrung weicht die anfängliche Skepsis bei der Eroberung der digitalen Welt langsam und dauerhaft dem Gefühl, in den unterschiedlichen Online-Angeboten nützliche

Helfer zu finden, die das Leben erleichtern, die zusätzliche Zeit freimachen für die analoge Welt und außerdem das schöne Gefühl vermitteln, dazuzugehören und Bescheid zu wissen!«

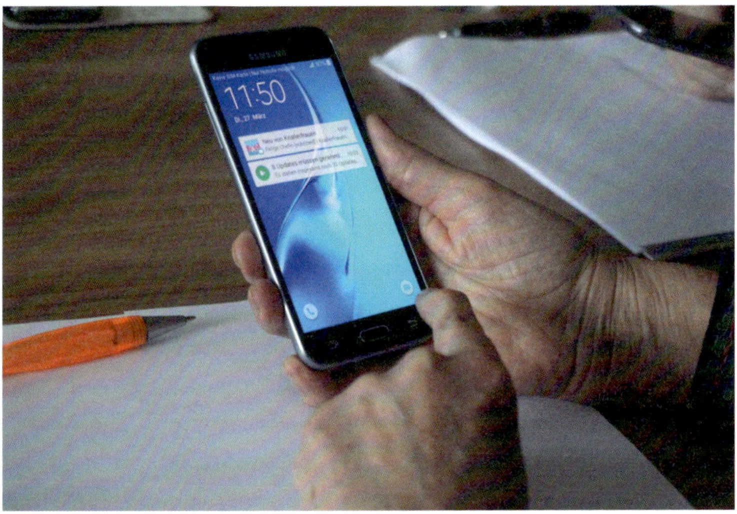

FLORIAN PRESSMAR und FABIAN GEIB

Medienbotschafter in der Landeszentrale Medien- und Kommunikation (LMK) in Rheinland-Pfalz

»Nach wie vor gibt es viele ältere Menschen, die wenig bis gar keine Erfahrungen mit der digitalen Welt machen konnten und Berührungsängste haben. Das Projekt ›Digital-Botschafterinnen und Botschafter für Rheinland-Pfalz‹ will erreichen, dass in den nächsten Jahren viel mehr Ältere die digitalen Medien nutzen. Dazu werden landesweit bis zu 100 Ehrenamtliche ausgebildet, die Seniorinnen und Senioren bei der Teilhabe unterstützen. Unter dem Motto ›Lernen kennt kein Alter‹ holen sie die Menschen da ab, wo sie gerade stehen. Ein Team aus Medienpädagoginnen und -pädagogen begleitet die Ehrenamtlichen fortlaufend mit passenden Bildungsangeboten (digitale Stammtische, Telefonsprechstunden, Netzwerktreffen etc.)

Außerdem haben wir das Projekt ›Silver Tipps – sicher online‹ mit auf den Weg gebracht und bieten unter dem Titel ›Silver Surfer – sicher online im Alter‹ Seminare für ältere Internetnutzer an.

Neugier und Interesse sind die besten Wegbereiter für die ersten Schritte in die digitale Welt. Die Politik sollte Angebote gestalten, die Mut machen, sich mit Smartphone, Internet und Co. auseinanderzusetzen, und zeigen, wie digitale Medien die Lebensqualität der Menschen verbessern. Denn oftmals ermöglichen digitalisierte Technologien ein längeres und sicheres Leben in den eigenen vier Wänden. Man sollte bei Digitalisierung und Alter nicht zuerst das Bild von Pflegerobotern im Kopf haben.

Es sind vielmehr die kleinen alltäglichen Dinge wie der Schrittzähler, das vernetzte Blutzuckermessgerät oder die Trink-

Erinnerung, die Gesundheit erhalten und Lebensqualität steigern.

Egal, ob es um das Austauschen von Bildern über das Smartphone mit den Enkeln, über Videotelefonie mit entfernt lebenden Freunden oder um Online-Bankgeschäfte geht: Digitale Medien ersetzen nicht den persönlichen Kontakt, schaffen aber Wege, um in Kontakt zu bleiben oder selbstbestimmt und autonom zu leben. Oft zeigt sich: Wer digital dabei ist, ist auch sozial dabei!«

www.lmk-online.de
www.silver-tipps.de/mein-weg-ins-internet-herausforderungen-meistern/

PETER SALATHE
Krankenkasse BKK-VBU mit Sitz in Berlin

»Lernen hört nie auf! Deshalb gibt es keine Altersgrenzen, um Neues zu entdecken. Wir möchten unsere Kunden darin unterstützen, dass sie lange gesund und selbstbestimmt leben können, auch mithilfe der digitalen Welt. Zurzeit forcieren wir mehrere Projekte: Zum einen bringen wir das Thema ›Spracheingabe‹ voran, um unseren Service losgelöst von kleinen Smartphone-Tastaturen anbieten zu können. Außerdem arbeiten wir zusammen mit Wohnungsbaugesellschaften, Medizinern und Technikern an dem Thema ›Smart Home‹, also einem technisch vernetzten Zuhause. Wir forcieren Angebote in Pflegeheimen, wie Sturzprophylaxe, Augentraining und Gehirnjogging.

Und wir kümmern uns um die klassischen Versorgungsthemen, die besonders die ältere Zielgruppe erreichen sollen. Aktuelles Beispiel ist eine App, die besonders Brustkrebspatientinnen dazu animieren soll, sich körperlich mehr zu bewegen. Bewegung mindert nämlich das Risiko, erneut an Krebs zu erkranken. Mit dieser App wollen wir unsere Kunden unterstützen, nach der überstandenen Erkrankung in Bewegung zu kommen, ein persönliches Feedback zu erhalten – und für den Dialog mit dem Arzt gleich ein paar Daten parat zu haben.

Die Politik sollte die Rahmenbedingungen schaffen, wenn Krankenkassen etwa digitale Services und medizinische Versorgung (Tele-Arzt, Online-Konsil) anbieten möchten. Die Forderung nach freiem WLAN in Altersheimen ist mir fast zu kurz gegriffen: Wo bleiben die kostenfreien WLAN-Angebote in Krankenhäusern und Reha-Kliniken?

Besonders positive Rückmeldungen erhielten wir übrigens in einem Senioren-Workshop, wo mithilfe des Smartphones Wechselwirkungen mit den eingenommenen Arzneien getestet wurden. Die Reaktionen waren durchweg begeistert: ›Das ist ja mal eine wirklich sinnvolle Anwendung!‹«

www.meine-krankenkasse.de

CARSTEN GROSSE STARMANN
Projektmanager Bertelsmann-Stiftung

»In der Bertelsmann-Stiftung arbeiten wir zurzeit an einer Studie über digitale Souveränität im Alter. Die Digitalisierung kann nämlich eine Chance und ein großartiger Hebel sein für mehr Teilhabe, vor allem in den Bereichen ›gesundes Leben, selbstbestimmtes Wohnen und soziale Teilhabe im Quartier‹.

Die digitale Welt bietet Möglichkeiten, das Tor zur Welt wieder zu öffnen, Aktivitäten anzuregen und Kommunikation zu ermöglichen. Die Politik sollte meines Erachtens – am besten im Schulterschluss mit der Wirtschaft – ältere Menschen für die Digitalisierung gewinnen und konkrete Unterweisung darin geben, was Digitalisierung alles vermag. Hinführung und Begleitung sind allerdings wichtig, auch in der Nutzung von sozialen Netzwerken wie Facebook – sonst besteht die Gefahr, dass vor allem das Leben anderer verfolgt wird, ohne dass es zu einem aktiven Schritt aus der Einsamkeit kommt. Wichtig ist es immer, soziales und digitales Leben zu verbinden.

Die Nutzung der Digitalisierung funktioniert nur über einen Zugang zum Netz. Dieser muss in jedem Lebensalter und in jeder Lebenslage und überall gegeben sein – mit leistungsfähigem Breitbandzugang auch im ländlichen Bereich!

Wenn Ältere erst mal online surfen können, sind Freude und Überraschung groß. Ein spontaner Ausruf: ›Oh, hier stehe ich ja mitten im Petersdom in Rom!‹«

www.bertelsmann-stiftung.de

INA GOEDERT
Projektleiterin Landesmedienanstalt Saarland

»Alter und Digitalisierung gehören untrennbar zusammen, denn die Digitalisierung kann helfen, das Leben im Alter sinnvoll zu gestalten und den Alltag besser zu bewältigen. Hier im Saarland sind wir auf einem guten Weg. Seit 2005 haben wir mit der Kampagne ›Onlinerland Saarland‹ mehr als 80 000 Menschen an das Internet herangeführt. Die Nachfrage ist riesig! Unsere Zielgruppe ist speziell die Generation 60 plus, der wir mit unseren Einsteigerkursen ›Kaffee-Kuchen-Tablet‹ und ›Kommunikation mit Tablets‹ die ersten Schritte ins Internet ermöglichen.

Darüber hinaus startete 2016 das deutschlandweit einmalige Projekt ›Virtuelles Mehrgenerationenhaus‹. Ziel ist es, den Begegnungsraum vor Ort um interaktive Kommunikationsmöglichkeiten zu erweitern. Dadurch sollen sich unsere Landsleute im realen wie im virtuellen Leben generationenübergreifend miteinander vernetzen. Mittel- und langfristig kann die Nachbarschaftshilfe hierdurch deutlich gestärkt werden. Um dieses Ziel zu erreichen, erhält jeder Teilnehmer für die Laufzeit des Projektes leihweise ein Tablet zur Verfügung.

Die Forderung, kostenfreies WLAN in Altersheimen und Senioren-Wohnanlagen anzubieten, unterstützen wir sehr. Allerdings muss auch ein Zugang zu den Endgeräten sichergestellt werden. Wie wäre es mit einem Gerätepool in jeder Einrichtung für diejenigen, die noch kein Smartphone oder Tablet besitzen? Unsere Erfahrung zeigt, dass diejenigen, die die Technik schon mal benutzt haben, auch bereit sind, in ein eigenes Endgerät zu investieren. Ohne eine niedrigschwellige Schulung an den Geräten wird freies WLAN allein nichts bewirken.

Im Übrigen funktioniert Digitalisierung nur, wenn die Infrastruktur steht. Daran hapert es derzeit. Gerade im ländlichen Raum gibt es Nachholbedarf. Hier setzt unsere Kampagne an: Wir fahren mit unseren mobilen Schulungsräumen zu den Menschen vor Ort, egal, ob Stadt oder Land, und geben Kurse in deren jeweiligem Lebensumfeld. Allein das sorgt schon für Sicherheit auf dem ungewohnten Terrain Internet.«

www.netzwerk-mns.de

MICHAEL VOLLMANN

Mitbegründer und Geschäftsführer des Nachbarschafts-Netzwerkes nebenan.de

»Die Digitalisierung bietet riesige Chancen und nur wenige Risiken für ältere Menschen. Wir sollten sie unbedingt nutzen!

Das Gespräch über den Gartenzaun hinweg oder an der Verkaufstheke vom Tante-Emma-Laden gibt es in vielen Städten nicht mehr. Hier setzen wir an: Plattformen wie nebenan.de senken die Einstiegsbarriere zu neuen Kontakten und ermöglichen Begegnungen – auch zu bisher unbekannten Menschen. Wer bei nebenan.de mitmacht, kann sich unterschiedlichen Interessengruppen anschließen oder aber selbst welche gründen. Bundesweit sind so schon viele herzliche Nachbarschaften entstanden, es wird wechselseitig zum Frühstück eingeladen, es werden Kleider-Tauschbörsen, Straßenfeste und Flohmärkte veranstaltet. Über den digitalen Einstieg wollen wir für mehr Lebendigkeit im Quartier sorgen. Seit 2017 loben wir zusammen mit anderen Partnern einen Nachbarschaftspreis aus, seit 2018 veranstalten wir einen Tag der Nachbarn. Ziel ist es immer, dass Nachbarn sich über den Klick im Internet in der Realität begegnen. Die digitale Welt darf kein Selbstzweck werden, denn sonst fördert sie mehr Einsamkeit. Als nützliches Instrument zur Anbahnung von Bekanntschaften, Beziehungen und Kontakten im echten Leben aber kann das Internet sehr hilfreich sein.«

www.nebenan.de
www.nachbarschaftspreis.de
www.tagdernachbarn.de

SIMONE VIVIANE PLECHINGER
Musiktherapeutin und Coach

Digitale Bildung endet nicht im Alter

Zum Studienabschluss im Jahr 1999 habe ich mein erstes Handy bekommen. Mein erstes Smartphone habe ich mir im Jahr 2012 gekauft. Das alles kommt mir vor, als wäre es gestern gewesen. Heute – 2019 – ist der Umgang mit dem Smartphone für meine Tochter in Schule und Freizeit eine Selbstverständlichkeit. Behördengänge, Bankgeschäfte, Kontakt halten mit entfernt lebenden Angehörigen – das ist heute digitaler Alltag auch für Menschen im Alter 65 plus. Viele Dinge des täglichen Lebens wird es in Zukunft nur noch digital geben.

Aus der Hirnforschung wissen wir, dass unser Gehirn über die Fähigkeit der sogenannten Neuroplastizität verfügt. Nervenzellen und Nervenbahnen können sich unabhängig von altersbedingten Abbauprozessen immer wieder neu organisieren und vernetzen. Lebenslanges Lernen ist keine Utopie. Lebenslanges Lernen hält jung, gibt dem Leben Sinn, ist die wahre Anti-Aging-Creme.

Wollen wir also die Zukunft gestalten, wollen wir, dass das Verständnis unter den Generationen wächst, so wird dies nur im Miteinander von analoger und digitaler Welt möglich. Digitale Bildung endet nicht mit 65 Jahren. Digitale Bildung muss allen Generationen zugänglich sein!

www.simoneplechinger.de

Zum Schluss fragen wir noch mal bei einer Politikerin nach, die über viele Jahre die Geschicke dieses Landes mitbestimmt hat. Erst als Familienministerin, dann als Bundestagspräsidentin: 82 Jahre alt ist Rita Süssmuth heute. Und wer glaubt, sie säße gemütlich zu Hause, der irrt gewaltig. In der Nähe des Brandenburger Tores trifft man sie in ihrem Büro, wo ein kleiner Stab von jungen Mitarbeitern ihre Termine verwaltet.
Einer der Termine: das Gipfeltreffen mit Dagmar Hirche. Vorweg sei verraten: Die Damen verstanden sich blendend und waren sich einig. Wer rastet, der rostet!

Wer sich schont, wird schneller alt

… und wer lernt, bleibt länger jung!

Gespräch mit Rita Süssmuth

Das Brandenburger Tor ist nicht weit entfernt, der Dunstkreis der großen Politik allgegenwärtig. Rita Süssmuth (82) empfängt in ihrem Büro Unter den Linden. Eine kleine Frau, hellwach, die uns freundlich an den Konferenztisch bittet und immer wieder zum Zulangen ermuntert – in der Mitte des Tisches steht eine Schale mit Keksen und frischen Früchten. Die ehemalige Familienministerin und Bundestagspräsidentin hat sofort zugesagt, als wir sie für unser »Mutmachbuch« um ein Gipfeltreffen baten, denn Rita Süssmuth macht vor, wie es aussehen kann, das erfüllte, aktive Altern. Zu ihren Herzensanliegen gehört es von jeher, Frauen zu stärken und den Frauenanteil in Landtagen und dem Bundestag zu erhö-

hen. Ihr neuestes Einsatzfeld ist das einer Botschafterin des Einstein Center Digitale Future (ECDF).

Was sie dort macht, wollten wir gern genauer wissen.

Dagmar Hirche: Frau Professor Süssmuth, Botschafterin des Einstein Center Digital Future (ECDF) – was hat man sich darunter vorzustellen?

Rita Süssmuth: In diesem Projekt der Einstein-Stiftung geht es um eine umfassende Auseinandersetzung mit dem

Thema Digitalisierung. Mich interessiert, wie man neue Möglichkeiten der Kommunikation schafft – wenig hierarchisch, international und über alle Disziplinen hinweg. Großen Spaß macht mir der Austausch mit den jungen Wissenschaftlerinnen. Wir diskutieren etwa über Änderungsprozesse in der Gesellschaft durch die Digitalisierung oder wie digitale Technologien sinnvoll an Universitäten oder Schulen eingesetzt werden können. Dabei lerne ich, wie viel entlastende und förderliche Entdeckungen durch die Digitalisierung möglich sind. Das ECDF möchte alle Menschen in den digitalen Wandel einbeziehen und dazu beitragen, einc Vision für die Gesellschaft von morgen zu gestalten.

Wie nutzen Sie selbst die Möglichkeiten der digitalen Welt?

Noch bin ich eine theoretische Expertin, aber ich habe Lust, Neues zu lernen. Ich nutze Smartphone und Tablet. Was mir am Herzen liegt, ist das Thema lebenslanges Lernen. Die Hirnforschung besagt, dass ein alter Mensch auch jenseits der 90 noch Neues erfassen kann!

Das sehen wir mit unserem Verein genauso. Aber zurück zu den digitalen Hilfsmitteln: Haben Sie sich schon einmal mit dem elektronischen Sprachsteuerungssystem Alexa beschäftigt?

Diese Box mag nutzen, wer sie will und braucht, ich bislang noch nicht. Wenn ich allerdings gebrechlich werde, ist Alexa eine prima Einrichtung.

Und eine elektronische Vernetzung des Hauses, Stichwort Smart Home?

Im Moment sehe ich die komplizierte Elektronik noch skeptisch. Was ist, wenn diese ausfällt?

Sind Sie bei Facebook?

Nein, die Zeit habe ich leider nicht, da müsste ich ja ständig prompt reagieren. Aber ich finde, Ältere könnten sich für eine zivilisiertere Sprache in den sozialen Netzwerken einsetzen. Dieses Schimpfen in einer Vulgärsprache ist unwürdig. Da müssen Ältere sagen: »Nicht mit uns!«

Ein Forschungsfeld des ECDF ist die Assistenz im medizinischen Bereich. Konnten Sie schon einen Eindruck gewinnen, und was hat Sie besonders beeindruckt?

Fasziniert hat mich die »Knit-Alarm«-Jacke des Design Research Lab der Universität der Künste Berlin. Dieses elektronische Textil warnt die Träger*innen bei einem Herzinfarkt. Im ECDF ist die Jacke ausgestellt. Durch solche Prototypen aus der Digitalisierungsforschung können wir mit Bürgern ins Gespräch kommen.

Können Sie sich elektronische Hilfsmittel auch in Altersheimen vorstellen?

Sicher. Wir haben viel zu lange in der Vorstellung gelebt, alternde Menschen entlasten zu müssen. Betreuung und Versorgung waren sicherzustellen, bloß keine Belastung. Dabei ist es wichtig, möglichst lange aktiv zu bleiben. Schonung bedeutet schnelleres Altern!

Genau das sage ich auch. Wenn ein alter Mensch bei mir anruft und sagt: »Ich bin 80, ich kann das doch nicht mehr lernen, dann kontere ich: Sie haben es geschafft, unsere Flyer zu lesen und hier anzurufen. Dann schaffen wir es gemeinsam, diese digitale Welt zu erobern. Wichtig ist Geduld, auch mit sich selbst. Kommen Sie wieder, wir machen immer das Gleiche, und beim zehnten Mal sagen Sie: Jetzt hab ich's.« Man lernt anders im Alter. Muss mehr wiederholen. Wichtig ist auch die Sprache.

Inzwischen wird bis zu unseren Reden im Parlament eine verklausulierte Sprache gesprochen, die eher Hieroglyphen ähnelt. Ich selbst muss dann schon nachsehen, welcher Verein, welcher Verband hinter den Kürzeln steckt. Es wird überhaupt keine Rücksicht genommen auf unterschiedliche Bildungsvoraussetzungen. Dabei ist es so wichtig, in lebenslanges Lernen zu investieren.

Das ist eine unserer wichtigsten Forderungen! Wir können doch bei der Generation 65 plus nicht aufhören, über digitale Bildung zu sprechen!

Digitale Bildung bedeutet vor allem Teilhabe. Wenn ich mir meine Zugkarte nur noch im Internet besorgen oder meine Bankgeschäfte nur noch online erledigen kann, bin ich ohne Onlinekenntnisse ausgegrenzt. Daher hat sich auch das ECDF die Digitalisierung für alle zum Ziel gesetzt.

Kostenloses WLAN in Altersheimen muss eine selbstverständliche politische Forderung werden! Auch Geld darf in Zeiten von Altersarmut kein Kriterium sein. Wir bieten unsere Kurse deshalb kostenlos an.

Ein guter Ansatz. Bei den jetzt laufenden Programmen grenzt man zwei Gruppen aus. Die Älteren, und die Älteren insbesondere dann, wenn sie wenig Geld haben. Lebensqualität im Alter ist auch eine Frage von ökonomischer Sicherheit. Das Schlimmste ist allerdings der Verlust von Einflussnahme, von Zugehörigkeit und dem Gefühl, gebraucht zu werden.

Es gibt viele, die sich ehrenamtlich engagieren. Die fühlen sich nicht einsam.

Wichtig ist es auch, nicht nur in der eigenen Altersgruppe zu bleiben. Mir gelingt es, mit jungen Menschen im Gespräch zu bleiben, weil die offenbar das Gefühl haben, Mensch, die versteht uns ja. Tödlich ist Isolation. Das haben jüngere Singles auch längst begriffen. Denen kommt es nicht mehr darauf an, dass eine Single-Wohnung den höchsten Luxus bietet, sondern dass die Nachbarschaft stimmt.

Wir versuchen auch immer wieder, Generationen miteinander ins Gespräch zu bringen, wenn etwa Schüler ältere Menschen im Umgang mit Smartphone und Tablet schulen und umgekehrt Senioren ihr Wissen als Zeitzeugen weitergeben. Durch Ältere bekommt Geschichte ein Gesicht.

Zur Ermutigung gehört Empowerment, den anderen stark machen. Auch die Altersgrenze 65 gilt schon lange nicht mehr. Es gibt die völlig erschöpften Menschen, es gibt aber auch andere, die noch mal neu anfangen.

Wir haben bei unseren Schulungen in Berlin eine Dame, die ist 87 Jahre alt und kommt mit dem Rollator, was ihr nicht leichtfällt. Aber sie sagt: »Einmal in der Woche will ich etwa Neues lernen.« Wenn ich sehe, wie die mittlerweile mit ihrem Tablet umgeht, bin ich schwer beeindruckt. Sie ist auch motivierend für andere. Da kann ich Zögernde ermutigen: Wenn eine 87-Jährige lernen kann und der Eberhard ist sogar schon 91, dann werden Sie das mit 77 bestimmt auch noch hinkriegen!

Die Freude am Lernen ist eine Schlüsselerfahrung. Deshalb ist es mir wichtig zu sagen: Vergesst eure Angst. Die Digitalisierung ist einschneidend, sicher. Aber habt ihr schon mal darüber nachgedacht, was das alles an Verbesserungen für euch bringt? Oder denkt ihr nur über das gefährliche, selbstfahrende Auto nach und die Arbeitsplatzverluste? Hat noch niemand mit euch darüber gesprochen, dass auch neue Arbeitsplätze entstehen?

Jeder hat erst mal Angst. Das ist mir auch so ergangen. Die ganze Politik hat mir die Angst gemacht, darin zu scheitern. Aber es gibt Situationen, wo Angst Energie erzeugt. Widerstand. Ich wünsche jedem älteren Menschen, dass er irgendetwas neu beginnt, dass er hinzulernt und merkt: »Mensch, das macht mir aber Spaß!«

https://rita-suessmuth.de/

... UND ES HAT ZOOM GEMACHT

Draußen regiert Corona, aber im virtuellen Wohnzimmer ist keiner allein

Und plötzlich fegt eine Pandemie durchs Land und vernichtet alles, was bis dahin gewohnt und vertraut war. Im staatlich verordneten »Lockdown« erstirbt mit Beginn des Jahres 2020 das öffentliche Leben, als besonders gefährdet erweisen sich die Alten – jene Gruppe, um die sich Dagmar Hirche mit ihrem Verein »Wege aus der Einsamkeit« seit Jahren vornehmlich kümmert. Vor allem Menschen über 60 sind von dem tückischen Virus betroffen, sie werden streng isoliert. Ab Mitte März geht nichts mehr, auch die Aktivitäten des Vereins werden nach und nach ausgebremst: Zuerst schließt das Lernzentrum von Facebook am Potsdamer Platz in Berlin, in dem einmal wöchentlich Einweisungen ins Internet stattfanden und mehrmals im Jahr fröhliche »Versilberer-Partys« stiegen. Auch die Schulungen im Hamburger Alster-Tower, für viele Teilnehmer ein lieb gewonnenes Ritual, werden aus Sicherheitsgründen abgesagt. Die Angst vor der Seuche regiert die politische Agenda, und die Alten werden zu ihrem eigenen Schutz in ihre Wohnungen verbannt. Was nun? Dagmar Hirche, 63, zählt selbst zur Risikogruppe, aber Nichtstun kommt nicht infrage. »Ich saß zwei Tage da und dachte, was mache ich jetzt. Gerade in dieser Krise, wo die alten Leute zu Hause sitzen und nicht mehr rauskommen, brauchen sie die Schulungen doch dringender als vorher!«

Nicht nur die Schulungen: Was bleibt denn, wenn das normale Leben versiegt, wenn die Altenheime zu Hochsicherheitstrakten werden, zu denen Angehörige keinen Zutritt haben? Wenn Ältere plötzlich scheel angesehen werden, wenn sie in den Supermarkt gehen oder zu dicht nebeneinander auf Parkbänken sitzen? Ausgerechnet eine Pandemie macht deutlich: Gerade alte Menschen brauchen das Internet, denn wer jetzt außen vor ist, der ist gleich mehrfach isoliert. Die Cafés geschlossen, die Altentreffs zu, die Kirchen verwaist, kein Kino, kein Theater, und das Schlimmste – Großeltern sollen ihre Kinder und Enkel nicht sehen. Von Ferne winken ist erlaubt, Postkarten und Briefe schreiben auch – aber wo bleibt das persönliche Gespräch, notfalls per Skype? Seit vielen Jahren fordert Hirche freies WLAN für Altersheime – bisher findet sie wenig Gehör. Jetzt erweist sich, wie wichtig das virtuelle Netz ist, um in isolierten Zeiten Verbundenheit herzustellen.

Wenige Tage nach dem Lockdown startet Hirche ein Corona-Notprogramm: Seit Mitte März verschickt der Verein Sonder-Newsletter mit Hinweisen auf das Robert Koch-Institut, das Bundesgesundheitsministerium und den berühmt gewordenen Podcast des Berliner Virologen Christian Drosten – alles seriöse, verlässliche Quellen, die über das Infektionsgeschehen informieren. Aber auch Links zu digitalen Museumsbesuchen, zu Onlinekonzerten und Nachbarschaftshilfen werden publiziert. Wer jetzt gefangen in seiner Wohnung sitzt, dem öffnen sich per Mausklick Fenster zur Welt.

Ist das genug? »Nein«, findet Hirche. »Wer einen Youtube-Kanal anklickt oder einen Link aufmacht, wird unterhalten, sitzt aber immer noch allein vor seinem Bildschirm.« Vor

allem fehlt die Tagesstruktur. Wo die Stunden ohne Höhepunkt verrinnen, wo kein Austausch stattfindet, da lauert die Einsamkeit. Und hinter der Einsamkeit die Depression. Die in ihre Wohnungen verbannte Risikogruppe umfasst ja nicht nur die Älteren. Hirche: »Dazu zählen auch Menschen mit Beeinträchtigung, die sonst in ihre Werkstätten gefahren wurden. Es sitzen derzeit extrem viele Menschen allein zu Hause. Jetzt sind sie alle gemeinsam zurückgeworfen.« Die Folgen sind kaum absehbar: »Das wird noch ein Riesen-Gesundheitsproblem geben!«

Zu den Wegen aus der Einsamkeit, die Dagmar Hirche bereits erschlossen hat, muss ein neuer her. Und zwar schnell. Wenn analoge Treffen nicht mehr möglich sind, müssen eben digitale Räume eröffnet und bespielt werden. Gesagt, getan:

»Ich habe mir ein paar Plattformen angeguckt und entschieden: Zoom ist die beste!«

Zoom also: Ein Online-Programm, mit dem offizielle Videokonferenzen, aber auch private Gespräche möglich werden. Die Teilnehmer laden dazu die entsprechende App herunter, wählen sich ein, erscheinen dann zusammen mit anderen auf dem Bildschirm und können live miteinander sprechen - vorausgesetzt, sie verfügen über ein Smartphone, ein Tablet, einen Computer oder ein Notebook. Außerdem sollten ZOOM-Teilnehmer mit ihrem Gerät im WLAN sein, denn die Nutzung von ZOOM verschlingt viel Datenvolumen. Und sie sollten aus Sicherheitsgründen keine privaten Daten preisgeben, sondern sich mit Spitznamen anmelden.

Eine virtuelle Plattform, auf der man sich trifft – wird das funktionieren bei 70- und 80-Jährigen, denen Hirche in ihren Kursen doch erst mal das kleine Einmaleins der digitalen Welt beibringt? Wie immer in ihren Schulungen geht es auch hier Schritt für Schritt: Hirche erläutert ihrer Zielgruppe, wie die »Zoom«-App auf Smartphones oder Android-Geräte heruntergeladen wird. Sie hilft, wenn in der häuslichen Quarantäne alte Computer entstaubt und zum Einsatz gebracht werden. In weiteren Sonder-Newslettern werden ihre Teilnehmer auf die neue Situation eingestimmt, es gibt Erklärvideos auf dem Youtube-Kanal und eine Versilberer-Hotline. Dann via Rundbrief das Signal: »Wir starten am 25.3.2020 unsere erste Zoom-Versilberer-Runde!« Ein Experiment, mal wieder. Ob es angenommen wird?

Hirche: »Ich habe mir vorgestellt, ich wäre ganz stolz, wenn beim ersten Mal fünf Leute dabei wären. Es waren aber 35. Ein totales Chaos! Alle haben durcheinandergeredet, bei dem einen spielte Musik im Hintergrund, beim nächsten lief der

Fernseher. Wir haben zwei Wochen gebraucht, bis alles eingespielt war.« Ein neuer Weg, und auch hier lernt die Aktivistin hinzu.

Erste Erkenntnis: Wer den Weg ins virtuelle Wohnzimmer gefunden hat, braucht Zeit, um anzukommen. Da wird zunächst die Bekannte begrüßt, die man doch aus den Berliner Runden kennt, da gibt es Nachfragen zur Gesundheit. 20 Minuten räumt Hirche mittlerweile fürs »Hallo«-Sagen ein, dann erst geht es los.

Zweite Erkenntnis: Auch im virtuellen Wohnzimmer erwarten die Teilnehmer Impulse. Dagmar Hirche entwickelt ein Beschäftigungsprogramm und kann dabei auf ihre langjährigen Mitstreiter setzen. Sogar neue kommen dazu, denn durch die Einschränkungen des Lockdowns sind viele Dozenten über Nacht arbeitslos geworden. Mal bietet die Musiktherapeutin Simone Plechinger ein Musikbingo an, dann kommt der Moderator Maximilian Arland zu Besuch, an einem Tag beantwortet eine Anwältin Fragen rund um Patientenverfügung und Testament, an einem anderen erläutert eine Mitarbeiterin der Haspa den Einstieg ins Online-Banking. Und natürlich gibt es auch eine Party! DJ Elvis legt auf, Udo Jürgens führt die Hitparade an.

Dritte Erkenntnis: Besondere Zeiten erfordern besonderen Einsatz. Das Zoom-Café ist bis auf Samstag täglich geöffnet. Sogar sonntags, immer von 10 bis 11.30 Uhr. Ein Selbstversuch Anfang Mai: Klick für Klick loggen sich die Teilnehmer ein, die Köpfe formieren sich zu einem Bild aus vielen Quadraten. Hirche ist die Spielleiterin und gibt allen genügend Zeit, sich einzufinden. Gäste aus Berlin sind dabei, aus Hamburg, sogar eine Dame vom Bodensee hat den Zugang gefunden. Heute wird »Stadt, Land, Fluss« gespielt, um einige Begriffe wie »Schimpfworte« erweitert. Die Stimmung ist gut, was auch an den Spitznamen liegt, die sich die Teilnehmer geben, und am unkomplizierten Du, das allseits gepflegt wird. »Honigbiene« räumt die meisten Punkte ab, »Zuckerpuppe« kämpft beim Buchstaben J darum, dass auch das untergegangene Jugoslawien noch als Land gewertet wird. Es wird viel gelacht, am nächsten Tag geht es mit neuem Input weiter. Wie lange? Wer weiß. Erst mal sind die Zoom-Runden eine Brücke in das ausgebremste Leben. Ein Ankerpunkt des Tages, eine Gelegenheit, zu lachen und zu lernen.

Die Krise hat eine weitere Baustelle aufgerissen: die Forderung nach freiem WLAN in Altenheimen. Hirche: »Unsere Gesprächsrunden haben wir bewusst kostenlos angeboten, gerade für die altersarmen Menschen, die mir erzählt haben, dass sie sich kein WLAN leisten können.« Was nützt es aber, dass sie in Krisenzeiten Tablets und Smartphones an Altersheime verschenkt, wenn interessierte Bewohner dort nicht kostenfrei surfen können? Hirche: »Ich hätte mir gewünscht, dass die Notwendigkeit viel früher erkannt worden wäre – auch ohne Pandemie.« Die Corona-Krise hat ihrem Anliegen nun einen kräftigen Schub gegeben, und Dagmar Hirche nutzt ihre Chance.

Bei einer Onlinekonferenz mit Familienministerin Franziska Giffey und bei der Einladung von Staatsministerin Dorothee Bär verbreitet sie ihre Botschaft: Wer will verantworten, dass ausgerechnet jene Generation, die laut Kanzlerin Angela Merkel das Land nach dem Krieg wiederaufgebaut hat, in der Isolation verkümmert? Freies WLAN ist das Gebot der Stunde! Gefolgt von der Erkenntnis, dass das Netz in diesen Tagen trägt und verbindet. In Hirches digitalen Zoom-Cafés ist man sich auch ohne Berührung nah. Nur ein Beispiel: »Für eine Teilnehmerin, die sich den Arm gebrochen hatte, gab es von allen eine virtuelle Umarmung.«

P. S. Was in den Zoom-Runden ausdrücklich vermieden wird, ist das Wort »Corona«. Sorgen und Ängste sollen für 90 Minuten draußen bleiben. Aber die Erfahrung, dass der Nächste nur einen Klick weit entfernt ist – die bleibt.

A bis Z

Begriffe, die immer wieder zu lesen sind

A

Account heißt auf Deutsch Konto oder Nutzerkonto. Ein Account ist eine Zugangsberechtigung für Systeme oder Internetdienste, die nicht frei genutzt werden dürfen. So gibt es zum Beispiel Accounts bei E-Mail-Konten, Foren oder Chats. In der Regel erhält man nach der Anmeldung einen Benutzernamen und ein Passwort, mit dem man sich später dort einloggen kann.

B

Betriebssystem wird das zentrale Computerprogramm genannt, das die grundlegenden Abläufe des Smartphones/Tablets regelt. Es gibt für Smartphones/Tablets iOS von Apple und Android von Google.

C

Cloud, zu Deutsch Wolke, ist ein externer Speicherplatz im Internet. Wird dieser Speicherplatz mit eigenen Dokumenten, Fotos usw. befüllt, so kann man von allen Orten und Computern auf diese Daten zugreifen. Geschützt wird der Zugang durch einen Nutzernamen und ein Kennwort.

D

Download heißt Herunterladen. Damit ist gemeint, dass man sich aus einem Computernetzwerk, also zum Beispiel aus dem Internet, Dateien und Programme auf sein eigenes Gerät speichert. Meistens gibt es auf den besuchten Seiten einen Button, den man zum Downloaden anklickt.

E

E-Health, ausgeschrieben Electronic Health (englisch für auf elektronischer Datenverarbeitung basierende Gesundheit) ist ein Sammelbegriff für den Einsatz digitaler Technologien im Gesundheitswesen. Er umfasst alle Hilfsmittel und Dienstleistungen, bei denen Informations- und Kommunikationstechnologien (IKT) zum Einsatz kommen, die der Vorbeugung, Diagnose, Behandlung, Überwachung und Verwaltung im Gesundheitswesen dienen.

F

Fake News bedeutet gefälschte Nachrichten bzw. Falschmeldungen. Die direkte Übersetzung trifft die Bedeutung sehr gut. Gemeint sind Nachrichten, deren Wahrheitsgehalt gleich null ist, die aber als Behauptung in die (meist digitale) Welt gestellt werden.

G

Gigabyte = GB ist eine Maßeinheit für Datenspeicherplatz. 1 Gigabyte = 1024 Megabyte.

Gadget Hinter dem englischen Begriff verbirgt sich die sinngemäße deutsche Übersetzung »technische Spielerei«. Als Gadgets können auch Smartphones, Tablets und andere Geräte bezeichnet werden. Das Gadget ist dabei sehr kompakt und klein, sodass Sie es bequem überall mit hinnehmen können oder unterwegs verwenden können.

H

Hacker: Ein Hacker ist jemand, der unbefugt in fremde Computersysteme eindringt. Auch wer ein Programm so manipuliert, dass es sich gegen den Willen seines Programmierers kostenlos nutzen lässt, ist ein Hacker.

I

iPhone ist ein Smartphone. **iPad** ist ein Tablet. Beide Geräte sind von von der Firma Apple.
Influencer sind Menschen, die durch ihre Bekanntheit einen großen Einfluss auf ihre Fans, Follower, Freunde … bei Facebook, Instagram, Twitter haben. Sie können ihren Einfluss auch über Fachbeiträge, Auftritte, Vorträge geltend machen. Influencer sind Personen, die zum einen durch ihre Reichweite Multiplikatoren für die Verbreitung von Informationen in ihren Netzwerken sind. Zum anderen sind Influencer Personen, die einen großen Einfluss auf die Meinung und die Konsumgewohnheiten der Menschen in ihrem Netzwerk haben.

J

Junkmail oder auch Spammail ist unerwünschte Werbung, die man per Mail erhält. Junk-/Spammails lassen sich also mit »Papierkorb-Post« übersetzen. Man sollte diese Mail nicht lesen, nichts anklicken, sondern sofort löschen.

K

KI bedeutet »**künstliche Intelligenz**«. Es geht um Spracherkennung, Kommunikation, selbstständig fahrende Autos, Haushaltsroboter, um nur einige Beispiele zu nennen.

L

Link. Ein Wegweiser von einer Internetseite zur anderen ist der sogenannte Link. Das Wort kommt aus dem Englischen und bedeutet übersetzt »Verknüpfung«. Jede Homepage ist durch das Anklicken eines Links zu öffnen.

M

MP3-Player: »MP3« ist die Abkürzung für »MPEG-1 Audio Layer 3«. Bei einer MP3-Datei handelt es sich um eine Audiocodierung, d.h. dass die ursprüngliche Musik-Datei komprimiert und umgewandelt wird.

N

Nickname bezeichnet einen Internet-Spitznamen, den man sich selbst gibt. Der Name kann auf jeder Seite ein anderer sein, viele Nutzer haben jedoch einen festen Nicknamen (kurz: Nick), den sie überall dort nutzen, wo sie ihren richtigen Namen nicht angeben wollen. So wird man im Netz ein wenig unsichtbarer.

O

Offline ist das Gegenteil von online und bedeutet, dass jemand nicht mit dem Internet verbunden ist. Das Smartphone/Tablet funktioniert auch offline. Dann kann jedoch nur mit Daten gearbeitet werden, die auf dem Gerät gespeichert sind.

P

Phishing: Das Kunstwort setzt sich aus den beiden englischen Begriffen »password« (deutsch: Passwort) und »fishing« (deutsch: fischen) zusammen. Gemeint ist der betrügerische Versuch, mit gefälschten E-Mails von einem angeblich seriösen Absender, mit Eingabeaufforderungen auf Internetseiten oder per Telefon an die persönlichen Daten anderer zu gelangen. Das können Name, Adresse und Geburtsdatum sein oder Passwörter, Online-Banking-Zugangsdaten oder Kreditkarten-Nummern.

Podcasts sind Audio- und Videobeiträge, die über das Internet zu beziehen sind. Bei dem Begriff Podcast handelt es sich um ein Kunstwort, welches sich aus pod für »play on demand« und cast, abgekürzt vom Begriff Broadcast (Rundfunk), zusammensetzt. Viele Podcasts kann man sich kostenfrei im Internet anhören.

Q

QR-Code: Der QR-Code ist eine Verschlüsselung von Informationen. Sie kann mit einem Smartphone und einer App wieder entschlüsselt werden. Der Code ist ein quadratisches, schwarz-weißes Zeichen mit einer scheinbar wirren Anordnung der schwarzen Punkte und Linien. In diesen Code kann eine Internetadresse »eingearbeitet« werden, auch Links zu Texten, Videos und Musiktiteln.

R

Router/Fritzbox/Modem: Für einen Zugang ins Internet benötigen Sie zunächst einen Router. Der Router wird vom Dienstanbieter gestellt und direkt an die Telefon- oder Kabeldose zu Hause angeschlossen.

Sie können den PC/Smartphone/Tablet kabellos (WLAN) mit dem Router verbinden.

Der Router stellt dann über die Telefonleitung eine Verbindung zum Internet her.

Damit jedoch eine Verbindung hergestellt werden kann, muss der Router zunächst eingerichtet werden.

S

Streaming (zu Deutsch: strömen, fließen) nennt man ein Verfahren, mit dem Video- und Audiodaten so aufbereitet werden, dass sie schon während des Herunterladens aus dem Internet betrachtet oder angehört werden können. Beim Streaming muss der Nutzer also nicht abwarten, bis eine Audio- oder Videodatei komplett übertragen ist.

T

Trojaner: Ein Trojaner ist ein Programm, das unerwünschte Aktionen in einem Computer auslöst, ähnlich wie ein Virus. Es wird oft über einen Link in einer Mail oder aus dem Internet auf den Computer geschmuggelt – ähnlich wie in der Antike das Trojanische Pferd feindliche Krieger einschleuste. Auf dem Computer entfaltet der Trojaner dann seine schädlichen Wirkungen. Ein Trojaner kann zum Beispiel in einem Spiel oder sogar in einem Virensuchprogramm versteckt sein. Trojaner richten ähnliche Schäden an wie Viren. In der Regel vermehren sie sich aber nicht von selbst.

U

Update heißt, etwas auf den neuesten Stand zu bringen. Mit einem Update aktualisiert man sein Betriebssystem oder seine Apps. Dabei werden entweder Fehler beseitigt oder neue Funktionen hinzugefügt.

V

Virtual Reality: Mit Virtual Reality (auf Deutsch: virtuelle Realität) ist eine Welt gemeint, die gar nicht existiert, sondern die von einem Computer nachgestellt oder neu erfunden wird. Über seinen Computer kann man sich in dieser künstlichen, dreidimensionalen Umgebung scheinbar bewegen. Dazu werden oft virtuelle Brillen genutzt

W

WLAN = Wifi = Hotspot. WLAN steht für »Wireless Local Area Network«. Grob übersetzt bedeutet dies »kabelloses lokales Netzwerk«. Per WLAN können Sie Ihre Endgeräte (zum Beispiel Tablets und Smartphones) ohne Kabel mit dem Internet verbinden. Wichtig zu wissen: Es gibt kostenpflichtige und kostenfreie WLAN-Nutzung.

X

X-Generation: Die sogenannte Generation X bezeichnet die zwischen 1963 und 1981 Geborenen. Im Gegensatz zu ihrer Vorgängergeneration stellt die Generation X die Arbeit nicht vor andere Bedürfnisse, sondern betrachtet sie als Mittel zum Zweck. Bei der Gestaltung der Arbeitsbedingungen wird Wert auf eine ausgewogenen Balance zwischen Arbeit und Freizeit gelegt.

Y

YouTube ist ein Online-Videoportal. Nutzer der Website haben die Möglichkeit, Videos anzuschauen oder hochzuladen. Egal, ob Musik-, Erklärvideos oder Filme. Derzeit ist das Videoportal kostenfrei nutzbar.

Z

Zoom: Eine Zoom-Funktion ist meistens eine Vergrößerungsfunktion. Bei Programmen zur Bild- und Textverarbeitung ist der »Zoomfaktor« das Verhältnis zwischen realer Größe und auf dem Bildschirm sichtbarer Größe.

ZOOM ist eine App, die einen virtueller Raum eröffnet, in dem sich mehrere Teilnehmer treffen und live miteinander sprechen können.

Online können so Videokonferenzen, Webinare oder auch private Gesprächsrunden stattfinden, bei denen man sein Gegenüber nicht nur hört, sondern auch sieht. .

Und wie war es?

Antworten von Teilnehmerinnen und Teilnehmern an Gesprächsrunden von Dagmar Hirche, von ihr aufgezeichnet

Margret P. (85): »Nun verstehe ich, was WLAN bedeutet«. Sie lacht und erzählt, wie es bisher war: dass sie in einem Café von Touristen gefragt wurde, ob es dort WLAN gebe, und sie dann antwortete: Nein, das gebe es nicht auf der Karte, und sie kenne das Gericht auch nicht.

Helga M. (80): Auf die Frage, was sie an ihrem Smartphone besonders oft nutze, antwortete sie: »Die Stoppuhr bei der Uhr-App«, die sie jeden Tag nutzt, um das perfekte Ei zu kochen.

Eva T. (82): Nach der Erklärung was eine Cloud ist: »Jetzt weiß ich, warum die Wolken immer grauer werden, da liegt der ganze EDV-Schrott drin.«

Olga M. (78): »Ich komme seit Jahren zu den Gesprächsrunden »Wir versilbern das Netz«. Gestern habe ich meine Familie (die immer gesagt hat: ›den Umgang mit einem Smartphone lernst du doch nicht mehr!‹) überrascht. Ich habe mein Smartphone rausgeholt und allen eine WhatsApp mit einem Foto gesendet und im Internet eine Seite aufgerufen, die viel über meinen Heimatort zeigt. Die Begeisterung meiner Familie war herrlich! Nun bin ich auch in der Familien-Whats-App-Gruppe.«

Walter K. (91): »Ich kann mein Bluetooth-fähiges Hörgerät mit dem Smartphone steuern. Nun will ich aber auch die anderen Funktionen meines Smartphones kennenlernen.«

Regina S. (78): »Hurra, nicht völlig abgehängt! WhatsApp und Google gehen immer.«

Jürgen B. (79): »Die Bienenkönigin (so nennen die Teilnehmer Dagmar Hirche) summt mich jede Woche in der digitalen Welt immer weiter, immer schlauer, immer sicherer.«

Günter S. (86): »Ich nutze nun u.a. mit meinem Smartphone den Fußsballfunk, rufe täglich Leichtathletik-Seiten im Internet auf und stehe mit meinem Enkel, der in Asien lebt, durch WhatsApp im regen Kontakt.«

Edith W. (86): »Mein Tablet ist u.a. mein Kochbuch. Ich suche im Internet neue Rezepte, die ich ausprobiere. Auch schaue ich auf der Homepage Brokenlifts, ob die Fahrstühle bei den U/S-Bahn-Stationen funktionieren, die ich nutzen will.«

Gertrud E. (75): »Ich habe gelernt zu skypen und Whats App zu nutzen und stehe nun wieder im engen, fast täglichen Kontakt mit meiner Familie, die in Australien lebt.«

Hannelore S. (80): »Ich surfe täglich durchs Internet und schaue mir dies und das an, eben alles, was mich interessiert.«

Petra W. (72): »Ich bin von YouTube und den Mediatheken der Fernsehsender begeistert, nun kann ich mir vieles anschauen, zu Uhrzeiten, die ich mag. Und auf YouTube finde ich viele alte Lieder aus meiner Jugend.«

Eva A. (80): »Ich habe die Scheu verloren, junge Leute im Bus oder im Café zu fragen, wie Funktionen auf dem Smartphone funktionieren. Frau Hirche rät uns immer, das doch zu tun! Es ist herrlich, wie begeistert mir dann geholfen wird. Ganz ehrlich, manchmal frage ich nur, um mit den netten jungen Menschen in Kontakt zu kommen, und das klappt fast immer«

Sabine K. (70): »Google Maps ist für mich extrem hilfreich, da ich viel durch Städte schlendere und mir jetzt nicht immer einen Stadtplan kaufen muss.«

wege aus der einsamkeit e.V.

Mehr Informationen erhalten Sie hier:

Wege aus der Einsamkeit e.V.
Lübecker Straße 1
22087 Hamburg
Telefon 040 /422 362 232 00
Mail: info@wegeausdereinsamkeit.de

Link Sammlung

Wege aus der Einsamkeit e.V.
Homepage: www.wegeausdereinsamkeit.de
Youtube Kanal:
http://www.youtube.com/c/WegeausdereinsamkeitDe
Facebook:
https://www.facebook.com/wegeausdereinsamkeit
Instagram: https://www.instagram.com/altersfreuden/
Twitter: https://twitter.com/WadeHamburg

Deutschland sicher im Netz (DsiN) e.V.:
https://www.sicher-im-netz.de/
Digital Kompass: https://www.digital-kompass.de/
BAGSO Bundesarbeitsgemeinschaft der Seniorenorganisationen: https://www.bagso.de/
Silbernetz: https://www.silbernetz.org/
Silberdraht: https://www.silberdraht.tel/

Die Autorin

Angela Meyer-Barg reiste 25 Jahre lang als Chefreporterin für einen großen Hamburger Verlag durch die Welt, interviewte und porträtierte Schauspieler, Regisseure, Politiker und Künstler. Seit einigen Jahren arbeitet sie als freie Journalistin. Privat trifft man sie mit ihrem vierjährigen Enkel Gustav öfter bei Hagenbeck und im Kindertheater »Zeppelin«.

Die Herausgeberin

Dagmar Hirche, 62, lebt mit ihrem Mann in Hamburg. Nach einer Ausbildung zur Im-und Export-Kauffrau studierte sie Betriebswirtschaft an der Fachhochschule in Hamburg.

Als Geschäftsführerin einer Unternehmensberatung profitiert Dagmar Hirche von ihrer langjährigen Führungserfahrung in mittelständischen Unternehmen der Dienstleistungsbranche.

2007 gründete sie mit Geschäftspartnern den Verein »Wege aus der Einsamkeit« und ist seitdem Vorstandsvorsitzende. Ihre Aufgabe sieht sie darin, das Image des Alters positiv zu verändern und das Miteinander der Generationen zu fördern. Seit sechs Jahren feiert Hirche etwa den Weltseniorentag mit einem Senioren-Flashmob, Senioren-Speeddating und einer Silent-Senioren-Party. Seit vier Jahren nimmt der Verein die Herausforderung an, mehr Menschen im Alter 65 plus mit in die digitale Welt zu nehmen, und bietet viele kostenfreie Gesprächsrunden, genannt »Versilberer-Runden«, in Berlin und Hamburg an. Die Forderung: Digitale Bildung darf nicht beim Alter enden! Dagmar Hirche und »Wege aus der Einsameit« wurden mehrfach ausgezeichnet: 2011 GOLDENE BILD DER FRAU, 2015 »Smart Hero Award« von Facebook und der Stiftung Digitale Chancen, 2016 Marie-Simon-Pflegepreis des Deutschen Städte- und Gemeindebundes, 2017 Demografie Exzellenz Award, 2018 Google Impact Challenge sowie 2018 Hamburgerin des Jahres in der Kategorie »Soziales Engagement«. 2019 Digital Female Leader Award in der Kategorie Social Hero, 2020 als eine von 25 Top Voices bei LinkedIn Top Voices 2020: Deutschland, Österreich, Schweiz.

Fotonachweis

Stefan Maria Rother 12, 15 oben, 16 oben, 18, 34 oben, 34 unten, 37 oben, 37 unten, 39, 42 oben, 42 unten, 43 oben, 43 unten, 45, 46 oben, 46 unten, 47, 56/57, 60, 61, 66 oben, 66 unten, 67 oben, 67 unten, 68 oben, 68 unten, 131, 133, 135, 161, 162/163, 169

Wege aus der Einsamkeit 15 unten, 138, 140, 142, 145, 147, 151, 157

Jannik Pape 16 unten, 17 oben, 19, 72, 73, 89, 120 oben, 120 unten, 121 oben, 121 unten, 124 oben, 124 unten, 125 oben, 125 unten, 126

Pascal Schröder 24 oben, 24 unten, 28 oben, 28 unten, 29 oben

Angela Meyer-Barg 85, 93, 96, 109

Katrin Schöning 105

Greta-Silver. de 79, 81
Archiv Backhaus 99
Archiv Wiederhold 113
Archiv Worch 117
Archiv Meyer-Barg 186

erscheint im Februar 2023

Angela Meyer-Barg
Wir versilbern das Netz!
Ü65 Das neue Erklärbuch
Mit Spaß und Freude sich zurechtfinden in der digitalen Welt
Softcover
ca. 140 Seiten
17 x 23,5 cm, durchgehend vierfarbig,
20,– € (D)
ISBN 978-3-96194-189-6

Angela Meyer-Barg
Switch
Das Leben ändern
Zwölf Begegnungen
Zwölf Beispiele
KJM